生活中的物理与教学设计

主　编　李贵安

陕西师范大学本科教材建设基金资助出版

科　学　出　版　社

北　京

内 容 简 介

本书内容包括三篇. 第一篇——生活中精彩纷呈的物理现象，生活中百余个常见的物理现象以提问并配有照片的方式呈现出来，让学生带着问题去思考、去发现其所蕴含的物理知识与规律，提高学生探索自然、理解自然的兴趣与热情，帮助学生提高科学素养，增强创新意识和实践能力. 第二篇——基于生活的中学物理教学设计与注意问题，对中学物理教学设计的主要内容进行分析介绍，并分析基于生活的中学物理教学设计应注意的问题. 第三篇——基于生活的中学物理教学设计案例与评析，呈现若干获奖者的教学设计案例与评析、教学设计与反思.

本书可作为物理专业师范生教师教育类专业课程教材，也可作为物理课程与教学论、物理学科教学硕士研究生的专业课教材，还可作为广大中学物理一线教师的教学参考用书.

图书在版编目(CIP)数据

生活中的物理与教学设计/李贵安主编. —北京：科学出版社，2020.11

ISBN 978-7-03-066497-6

Ⅰ. ①生… Ⅱ. ①李… Ⅲ. ①中学物理课-教学设计 Ⅳ. ① G633.72

中国版本图书馆 CIP 数据核字(2020)第 205210 号

责任编辑：窦京涛 孔晓慧 / 责任校对：杨聪敏
责任印制：赵 博 / 封面设计：蓝正设计

科学出版社出版
北京东黄城根北街 16 号
邮政编码：100717
http://www.sciencep.com
北京中石油彩色印刷有限责任公司印刷
科学出版社发行 各地新华书店经销
*
2020 年 11 月第 一 版 开本：720×1000 B5
2025 年 2 月第五次印刷 印张：13 3/4
字数：277 000

定价：49.00 元

(如有印装质量问题，我社负责调换)

前　　言

科学技术的迅猛发展，为我国实现科技强国梦奠定了扎实的基础. 科技的发展离不开自然科学基础学科. 物理学是一门十分重要的自然科学基础学科，它研究的是物质的基本结构、最普遍的相互作用和最一般的运动规律. 物理学带动了科学和技术的发展，也推动了文化、经济和社会的发展. 众所周知，经典物理学奠定了两次工业革命的基础；近代物理学推动了信息技术、新材料技术、新能源技术、航空航天技术、生物技术等的飞速发展，继而推动了人类社会的发展. 可以说，没有物理学的持续发展与进步，科技强国无从谈起，科技强国梦也无法实现.

然而，我国传统的物理教学长期以来使“物理难学，物理难教，物理难考”的观念深深地印在了许多人的脑海里，甚至相当一部分学习物理的人认为：物理艰涩、枯燥、抽象、难懂，与其他学科相比，学习物理需要花费更多的精力，但在现实生活中却用处不大. 特别是近年来新高考改革反映出部分学生不愿选考物理、不愿选报物理学科专业，甚至不愿从事物理领域的研究与工作的现象. 应该说，造成这种局面的原因是多方面的，而且是长期形成的，但人们对物理的这些误解、印象往往与传统上我国中学物理教学的状况有关. 因此，破解这一问题首先对从事基础教育学段物理教学的广大教师提出了挑战——让学生切身感受到物理与生活息息相关，物理很有趣，学习物理有助于人们了解并解释生活中的自然现象，有助于人们很智慧地认识、利用物理自然规律，最终能指导人们明智而幸福地生活. 作为新时代的物理教师，要用先进的教学理念与教学模式创新物理课堂教学，让学生重新认识物理学的基础性、生活性、应用性和未来性，养成善于观察生活中的自然现象、仔细思考其蕴含的物理规律的习惯，使更多的学生喜欢上物理专业、报考物理，甚至未来从事与物理相关的工作，为其终身发展打下坚实基础.

作为国家未来优秀教师、卓越教师、教育家培养对象的我国公费师范生，特别是物理专业师范生，使命光荣，责任重大，应付出自己的努力，做好示范，为理想而奋斗. 陕西师范大学 2015 级物理本科专业卓越教师实验班的 30 名同学，在物理学习过程中扎实践行“从生活走向物理，从物理走向社会”的物理课标理念，每位同学结合自己的生活经历，提出若干自己最想知道、最想弄清楚的身边的、生活中的物理问题，将其作为自己的中学物理课程研究课题项目 UFO（You Find Out），进而分析解释这些生活现象背后所蕴含的物理知识、规律与原理，并对这些物理原理进一步应用拓展，之后，将其分享给全班同学共同讨论、完善，最终形成了本书的核心内容.

本书的第一篇——生活中精彩纷呈的物理现象. 该部分提供了近 140 个生活中常见的物理现象，这些现象以问题的方式呈现出来，分别配有对应的照片. 进行中学物理教学时，让学生带着问题去思考、去发现其所蕴含的物理知识与规律，提高中学生探索自然、理解自然的兴趣与热情，帮助其提高科学素养，增强创新意识和实践能力，促进其全面发展. 本书的第二篇——基于生活的中学物理教学设计与注意问题. 该部分对中学物理教学设计的主要内容进行分析介绍，将重要关注点提供给读者，特别分析了基于生活的中学物理教学设计应注意的问题. 本书第三篇——基于生活的中学物理教学设计案例与评析. 该部分呈现了若干教学设计案例与评析，这些教学案例设计都是陕西师范大学物理师范生设计的、参加各类教学大赛的作品，每一个教学设计案例后都对应着设计者对其教学设计的反思，并且都由中学物理名师给出了对应的案例评析.

本书坚持问题导向，图文并茂，从物理与日常生活现象的联系出发，让物理学习与生活中的自然现象有机结合，并将此理念贯通于基础教育的各个学段，使学生通过物理学习对“物理是生活的一部分，物理融入生活，物理有趣，学习物理有用，物理使人更智慧”等观念有较深的感受与理解，从而使更多的学生愿意接近物理、学习物理，进而未来从事物理研究和利用物理服务社会.

编　者

2019 年 3 月

目 录

第一篇　生活中精彩纷呈的物理现象

第一章　生活中的现象与力学

§1.1.1

我们坐火车的时候会发现铁轨下面铺有石子，这是为什么？

生活现象　坐火车的时候，细心的人通常会发现铁轨下面铺有大量的小石子，这是为什么？

物理原理　铁轨下面的碎石子也叫铁路道碴，主要作用是支承轨枕，把来自轨枕上部的巨大荷载，均匀地分布到路基面上，大大减小了枕木对路基的压强，从而减小了路基的变形.

道碴块与块之间存在着空隙和摩擦力，使得轨道具有一定的弹性，这种弹性不仅能吸收机车车辆的冲击和振动，使列车运行比较平稳，还大大改善了机车车辆和铁轨、轨枕等部件的工作条件，延长了铁轨的使用寿命.

道碴具有排水功能. 道碴块状间的空隙，使得地表水能够顺畅地通过道床排走，这样路基表面就不会长期积水. 如果路基表面长期积水，不仅会使其承载能力大大下降，而且还会造成翻浆和冻胀等很多问题.

知识拓展　在雪山滑雪时用的雪橇；冬季湖面结冰，救落水者时，人们趴在冰面上前行靠近落水者等. 这些都是采用增大受力面积来减小压强的例子.

§1.1.2

拔河比赛的胜负是取决于力气的大小吗?

生活现象　生活中，常可看到拔河比赛，大家是否仔细考虑过，拔河比赛的胜负是取决于力气的大小吗?

物理原理　根据牛顿第三定律(当物体甲给物体乙一个作用力时，物体乙必然同时给物体甲一个大小相等、方向相反，且作用在同一直线上的反作用力)，对于拔河的甲、乙两个队(拔河的绳质量不计)，甲对乙施加了多大的拉力，乙对甲也同时产生一样大小的拉力，故拉力并不是决定胜负的因素. 对拔河的两队进行受力分析就可以知道，只要所受的拉力小于与地面的最大静摩擦力，就不会被拉动，因此摩擦力的大小就成了胜负的关键. 取胜关键是增大摩擦力，方法有：①增大鞋与地面的静摩擦因数，使摩擦力增大(如穿有凹凸不平底面花纹的鞋子)；②队员的体重越大，对地面的压力越大，摩擦力也会越大. 此外，胜负在很大程度上还取决于人们的技巧. 比如，脚使劲蹬地，在短时间内可以对地面产生超过自己体重的压力. 再如，人向后仰，借助对方的拉力来增大对地面的压力等. 其目的都是尽量增大地面对脚底的摩擦力，以夺取比赛的胜利.

知识拓展　懂得了拔河比赛中所蕴含的科学原理之后，为取得比赛胜利，就得提前统筹考虑，优化各个影响因素，以取得好成绩. 例如，有经验的比赛领队，通常会挑选体重大、个子高并穿着防滑结实运动鞋的队员参加比赛. 当然，为了能确保比赛最终胜利，除了考虑以上主要因素外，还需要团队队员团结一致、听从指挥、力往一处使以及有忍耐力等.

§1.1.3

橡皮为什么可以擦掉铅笔字？

生活现象　用橡皮擦拭写在纸面上的铅笔字，能达到清除铅笔字迹的效果，大家都有这样的体验. 那么，橡皮可以擦掉铅笔字的原理是什么？

物理原理　铅笔芯的主要成分是石墨，它在纸上划过会留下微小的石墨碎片，这些石墨碎片靠静电力和分子力吸附在纸面上，这种力很容易被破坏. 橡皮的主要成分是橡胶，由于橡胶很软，而且有很多微孔结构，比纸更容易吸附已经脱落下来的石墨. 当橡皮在石墨上擦拭时，石墨就会从纸上脱落而吸附在橡皮上. 如果在天然橡胶中加入硫等物质，在擦拭的过程中，橡皮吸附石墨的部分就会被揉搓，团在一起变成碎屑掉下来.

知识拓展　在日常生活中，利用摩擦力擦掉某些物体表面上的痕迹的例子比较普遍. 例如，用板擦擦掉黑板上的粉笔字，用铁砂球擦掉金属表面的污渍，用抹布擦掉写在白板上的字迹等. 这些都是在两个接触面上通过用力紧压，然后反复来回滑动、搓动，使接触面间发生部分形变，摩擦掉表面上的字迹、污渍等. 压力越大，摩擦力越大，擦拭效果越明显.

§1.1.4

摩擦力与接触面积无关，为什么踮起脚尖身体旋转起来更轻松？

生活现象　学过物理的同学都知道，摩擦力与接触面积无关，那么，为什么踮起脚尖身体旋转起来更轻松？

物理原理　我们一般是这样旋转的：扭动身体，准备发力，在发力的一瞬间抬起一只脚，身体便转动了起来. 当我们一只脚离地开始转动的时候，这实际上相当于给定了初动能，在摩擦力做负功情况下的转动问题. 理想的情况便是我们的动能全部转化为摩擦的热能，最终停止转动. 虽然动摩擦力的大小与接触面积无关，即 $f=\mu mg$，但我们脚与地面的接触面积变化会影响摩擦力的做功. 脚在地面上摩擦转动，越靠近转动中心，圆周运动的半径越小，此时摩擦力做功的路径便越短. 为了简单地说明问题，我们用一个简化的模型，假设脚与地面的接触面是一个半径为 R 的圆，则单位面积的摩擦力为 $\dfrac{f}{\pi R^2}$. 那么当转动的角度为 θ 时，摩擦力做功 $W=\iint_S \dfrac{f}{\pi R^2} r\theta \mathrm{d}s=\dfrac{2fR\theta}{3}$. 因此，接触面积越小，转动的时候摩擦力做功的速率就越小，也就是说我们的动能被摩擦力消耗的速度越小，故而速度减缓的速度越小，人旋转持续的时间相对就长一些，也就会感觉转动更加轻松了.

知识拓展　在光滑地面上行驶的汽车的轮胎越宽，越不容易打滑；下雨时穿上与地面接触面越大的鞋子越不容易摔倒. 这些都是利用摩擦力做功的原理.

§1.1.5

晚上走路，为什么会觉得月亮也跟着自己一起走？

生活现象　经常走夜路的人会有这样的感觉：“晚上走路，会觉得月亮也跟着自己一起走！”这是为什么？

物理原理　人眼的视觉特性之一就是同样大小的物体离人眼越远，在视网膜上成的像就越小，看起来也就越小．表现在长度(或距离)上，同一长度(或距离)的物体离人眼越远，看起来就越短．月亮离我们很远，我们边走边看月亮的时候，月亮相对于我们视角的大小和明暗几乎都没有变化，因此，我们的主观感觉就是月亮相对于我们是不动的，也就是月亮在跟着我们走．相反，路旁的树木与人的距离很近，人眼很容易感觉到它们在后退．由于路旁的参照物在后退，而月亮看上去又是“未动”的，所以相对路旁的参照物来说，月亮是前进的，而且是跟人一起前进的．这就是我们感觉到的“晚上走路，会觉得月亮也跟着自己一起走”的原因．

知识拓展　物体的运动状态通常与参照物的选取有关，人看到的、感觉到的物体的大小、高低与其在人眼中张开的视角有关，物体使人眼张开的视角大，则感觉上物体是大的；反之，则感觉物体是小的．物体运动导致人眼的视角变化大，则感觉物体运动得快，反之则慢．

§1.1.6

第一次世界大战期间，一名法国飞行员驾机时抓住一颗德国子弹．他是怎么做到的呢？如何解释这一现象？

生活现象　第一次世界大战期间，一名法国飞行员驾机正在2000m的高空飞行．突然，他发现机舱外有一只“小虫”正在缓慢向前“蠕动”．他敏捷地伸手一抓，是一颗德国子弹！这是为什么呢？

物理原理　这是一个相对静止的典型事例. 如果飞机在高空飞行时和子弹具有相同的对地速度，飞行员选取子弹为参考系，则飞行员和子弹是相对静止的，飞行员就不会因为子弹飞行速度快而抓不着它. 学过了参考系的基本概念，飞行员手抓子弹的事情就不足为奇了.

知识拓展　高中阶段我们研究物体的运动时，一般可以把地面看作惯性系，相对地面静止或者匀速直线运动的物体也可以看作惯性系. 参考系对物体运动性质的确定和具体解题都有着重要的意义，只有了解和掌握参考系才能在处理实际问题中恰当选取参考系，进而将复杂的问题简单化，最终达到化繁为简、事半功倍的效果.

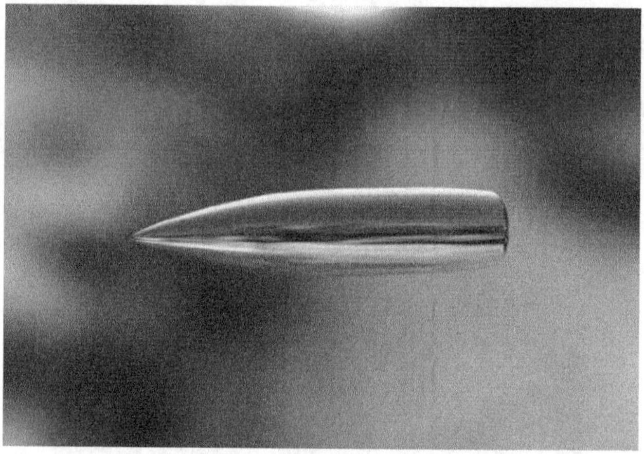

§1.1.7

海水会有涨潮落潮，那么潮汐现象产生的原理是什么？

生活现象　经常去海边的人会发现，海水会有涨潮落潮，即潮汐现象. 其原理是什么？

物理原理　17 世纪 80 年代，英国科学家牛顿发现万有引力定律之后，提出了潮汐是由月球和太阳对海水的吸引力引起的假设，科学地解释了潮汐产生的原因.

原来，海水随着地球自转也在旋转，而旋转的物体都受到一种力的作用，使它们有离开旋转中心的倾向，这就好像旋转张开的雨伞，雨伞上的水珠将要被甩出去一样. 同时海水还要受到月球、太阳及其他天体的吸引力，因为月球离地球最近，所以海水受到月球的吸引力较大. 这样这两个力的共同作用形成了引潮力. 由于地球、月球在不断地运动，地球、月球与太阳的相对位置在发生周期性变化，因此引潮力也在发生周期性变化，这就使海水出现周期性的变化——潮汐现象.

知识拓展　每年农历的八月十五左右，人们会去浙江的钱塘江观潮，这个时段的潮汐现象最为明显，十分壮观，观潮已成为带动当地旅游业发展的一个项目. 另外，有些地方，人们可利用潮汐现象发电，从而减少火力发电等带来的环境污染.

§1.1.8

乘火车出行，经过某些盘山的路段时，我们不难发现有些长途大巴开得比火车还快，那么为什么环山公路上的汽车跑得比火车还快？

生活现象　大家可能都有乘火车的经历，并且有些同学可能会注意到，火车在拐弯时速度都会减慢，尤其是火车经过某些盘山路段时. 我们不难发现有些长途大巴开得比火车还快. 那么为什么环山公路上的汽车跑得比火车还快？

物理原理　细心的同学一定注意到了，火车轨道在拐弯处除了不是平直的外，还稍微倾斜，即处在弯道外边的那条轨道水平高度高于里边的轨道. 由于盘山路段的轨道是倾斜的，根据向心力的原理，转弯物体需要的向心力的大小与物体转弯时的速度有关，向心力与速度的关系可表示为 $F=ma=m\frac{v^2}{R}$. 由于火车的质量远大于汽车的质量，故转弯时，在速度相同的条件下，轨道需要给火车转弯提供的向心力远大于汽车转弯所需要的向心力. 换句话说，火车对轨道的力将会是很大的，这也就导致了火车车轮对轨道的挤压力很大. 另外，根据摩擦力公式 $f=\mu N$，车轮对轨道的摩擦力也就加大，这又会导致轨道磨损严重，不利于铁路的长期使用. 考虑到以上两方面的原因，火车便会适当放慢速度，以保护轨道，使其能够长期使用. 相对于火车而言，汽车转弯时需要的向心力就小，因此，汽车转弯的速度就可以适当高一些，这就是大家看到的汽车在环山公路上比火车跑得快的原因.

知识拓展　大家都有经验，物体转弯时都需要向心力，物体的质量越大，转弯的速度越快，所需要的向心力就越大，否则就不可能顺利转过弯. 例如，在绕着跑道进行跑步比赛时，人的右臂(处于外道一边)在拐弯处就比在平直的跑道上摆动的用力大而且快，这都是为了提供足够的向心力，使人能顺利转过弯，而且保持着较高的速度.

§1.1.9

火车转弯时，坐在火车里的人会感觉到身体不由自主地向一边倾斜，这是为什么？

生活现象 大家可能都会有这样的体验，即火车转弯时，坐在火车里的人的身体会不由自主地向一边倾斜. 其原理是什么？

物理原理 火车受到轨道的支持力的作用，当火车转弯时，这个支持力又给火车提供了垂直于速度方向的向心力. 设计转弯轨道时，外轨会稍微高于内轨，这样，会在轨道面与水平面之间形成一个小的角度，我们设其为θ，轨道对火车的支持力垂直于轨道，所以重力与支持力的合力提供向心力. 由$mg\tan\theta = m\frac{v_{临界}^2}{r}$得出$v_{临界} = \sqrt{rg\tan\theta}$. 当火车速度大于这个临界值时，外轨会被挤压；当火车速度小于这个临界值时，内轨会被挤压；当火车速度等于这个临界值时，火车不会对轨道产生挤压. 火车转弯时，坐在火车里的人由于自身惯性，会倒向与转弯相反的一侧.

知识拓展 我们发现，在火车轨道转弯处，轨道不是水平的，而是有一个向内的斜角，即外轨一般比内轨高一些. 火车通过转弯处时，要保持一定的速度，不能太高也不能太低，否则就会损伤轨道，如果速度太高还会发生脱轨事故. 无论是火车还是汽车，在转弯时都应该适当控制速度，确保行驶安全.

§1.1.10

为什么穿新鞋子走路有时会嘎吱嘎吱响，且不是摩擦产生的那种滋滋声？

生活现象　人们有时会有如下的感受，穿新鞋子走路有时会发出响亮的声音，那么，为什么穿新鞋子走路会发出嘎吱嘎吱的响声，且不是摩擦产生的那种滋滋声？这是什么原理？

物理原理　物体发出声音，从物理学的角度讲，都是由于物体振动产生的声波通过空气传播到人的耳朵里．当穿新鞋子走路时，这种鞋子发出的声音一般可能来自两个方面：一方面是鞋子与地面(或接触面)接触，由于接触紧密而发生相对滑动或转动，由两个界面摩擦发出声音；另一方面是鞋子底部垫层中的空气受到脚的猛烈挤压而发出声音．第一种情况中声音的大小与鞋子底面以及地面的材料和形状有关；第二种情况中声音的大小与封闭在鞋底垫层内气体压强的大小变化有关．由于运动时，全身重量由气垫承担，气垫过度压缩导致鞋底垫层内气体与垫层之间摩擦产生声音．

知识拓展　这种发声的现象更多的是与地面的材料及光滑程度有关．通常我们穿新鞋子去不同的场地运动，发出声音的情况就大不一样．例如，在塑胶的篮球场内，运动员打比赛时，会听到鞋子与塑胶地面接触发出的尖锐甚至刺耳的大量响声；有些厂家利用给小孩鞋子底部充气发声来吸引家长为自己的宝宝买鞋子．

§1.1.11

为什么洗衣机能把衣服洗干净？

生活现象　现代生活中，人们不太用手洗衣服，都用洗衣机洗衣服，那么，洗衣机的工作原理是什么？为什么洗衣机能把衣服洗干净？

物理原理　对于波轮洗衣机而言，在桶底有一个倾斜的转轮，这叫“波轮”．波轮的上表面有几条向上凸起的楞辐. 在电动机带动下，波轮能以 300～500r/min 的速度做正向或正、反向交替运转. 由于波轮上凸楞的作用，水就能在洗衣桶内形成涡流，带动衣服在桶内做旋转运动. 同时，水流在波轮的高速旋转下，使所需向心力大于能提供的向心力，迫使水流从桶底沿着桶壁螺旋上升，在水面上呈喇叭形，从而带动衣服不断地翻滚向上运动，到达水面又向下沉降. 洗衣桶的底部一般设计成曲面形，桶壁为大圆角多边形，这种特别的构造使衣服在洗衣桶中的运动不受阻碍. 另外，波轮表面的凸楞还会使水压缩，而波轮表面凹下的部分又会使水舒张，于是，水流就在洗衣桶内产生一种脉冲式的振动，振动频率每分钟可以达到 1000 次以上.

这样，在洗衣桶中，一方面衣服随着水流不断旋转、上下翻滚，衣服与衣服之间、衣服与水流之间、衣服与桶内壁之间不停地产生搓揉、冲击；另一方面衣服又受到水流每秒几十次的脉冲振动. 因此，在洗涤剂的作用下，衣服上的污垢就脱离衣服，被卷入水中.

知识拓展　洗衣机的原理是将电能转换成波轮的旋转动能，特殊装置的波轮的转动又迫使与其接触的水、衣服进行上下、水平的旋转，这种周期性的、合成的旋转使得衣服与衣服、水、桶内壁之间产生摩擦进而达到揉搓的效果. 在日常生活中，类似的搅拌装置都是将电能转换成装置内部物品的旋转动能，以达到物品搅拌均匀的目的，例如混凝土搅拌机、豆浆机、化学反应中的磁力搅拌器等.

§1.1.12

为什么洗衣机在快要结束工作时晃动声音特别大？

生活现象　有同学可能会注意到，洗衣机在快要结束工作时晃动声音特别大，为什么？

物理原理　洗衣机的甩干桶在正常高速旋转时，转动往往是很平稳的，但是当甩干桶转速逐渐减小，将要停下来的一段时间内，洗衣机往往会较为剧烈地晃动，最后才停下来. 这是因为，洗衣机甩干桶在旋转时，电机会给其机体一个周期性的策动力，当甩干桶高速旋转时，这个策动力频率远高于洗衣机机体的固有频率，由于这两个频率相差很大，因而机体的晃动就很轻微；但当甩干桶转速逐渐减小时，对机体的策动力频率也随之逐渐减小，当转动接近停止时，策动力的频率便接近或等于机体的固有频率，当这两个频率接近甚至相等时，机体就发生了物理学中所说的“共振现象”，所以晃动得特别剧烈.

知识拓展　共振现象在日常生活中很常见. 有时人们需要利用共振现象，有时需要防止共振现象的发生，这要视具体情况而定. 例如，钢琴、风琴、二胡等演奏工具都有类似的共鸣箱，希望通过共振来增大声音从而达到预期效果；而火车、汽车过桥时要求速度不能太快，军队在桥面上行进时要便步行进等，主要是防止共振导致桥受到损坏.

§1.1.13

使用吸盘时为什么加水会吸得更紧？

生活现象　大家都有使用吸盘的经验吧，你是否考虑过使用吸盘时为什么加水会吸得更紧？

物理原理　吸盘能吸在墙上，其原理是当我们向墙面上挤压吸盘的时候，就排出了吸盘内部的空气，当松开手后，吸盘内部的气压远小于外界大气压强，这样在吸盘外部表面就有极大的大气压力将吸盘压在墙上．但是，通常吸盘与墙壁的连接处会有一些细小的缝隙，如果墙壁表面不够光滑，外界的空气就会通过吸盘与墙壁连接处的小缝隙进入吸盘内部，内部的气压就增大了，而外部大气压强不变，这样内外气压差就会减小，吸盘受到的内外压力差也会减小，吸盘吸力减小，就容易掉落．如果在使用前将吸盘底端蘸些水，这些水就可填补吸盘与墙面间的小缝隙，由于水表面具有张力，作用在吸盘上的压力不足以克服它，这样空气就不会通过小缝隙进入吸盘内部，吸盘就吸得更紧，不容易掉落．

知识拓展　在日常生活中，经常会见到在两个物件的接触面之间涂抹密封油或加载橡胶密封圈等，其作用就是保持两个物件夹缝充分接触，维持内外液体或气体的压强，不会因为液体或气体的漏出而使压力差减小．

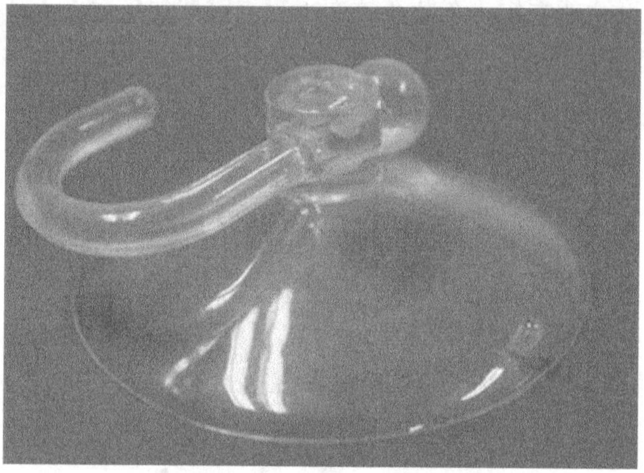

§1.1.14

抽水机的工作原理是什么？

生活现象　生活中，大家可能见过抽水机，请问它的工作原理是什么？

物理原理　抽水机是利用了大气压强与虹吸现象，把高于出水口的水源源不断地吸出，直到把水吸干净．虹吸实质上是由于液体压强和大气压强而产生的．如下图所示，因为 $h_1 < h_2$，所以根据帕斯卡定律$p=\rho gh$，装置中左管中 B 点的液体压强 $p_1=\rho gh_1$（方向向下）小于右管中 C 点的液体压强 $p_2=\rho gh_2$（方向向下）；另外，在 B 点和 C 点分别有大气压强 p_0 的作用，总压强表现为上低下高，这里可忽略 B 点与 C 点间的大气压强差值．所以，$p_0-\rho gh_1 > p_0-\rho gh_2$，也就是说 A 点左端的压强大于 A 点右端的压强，这样，在大气压强和液体压强的共同作用下，水在管内沿顺时针方向运动．

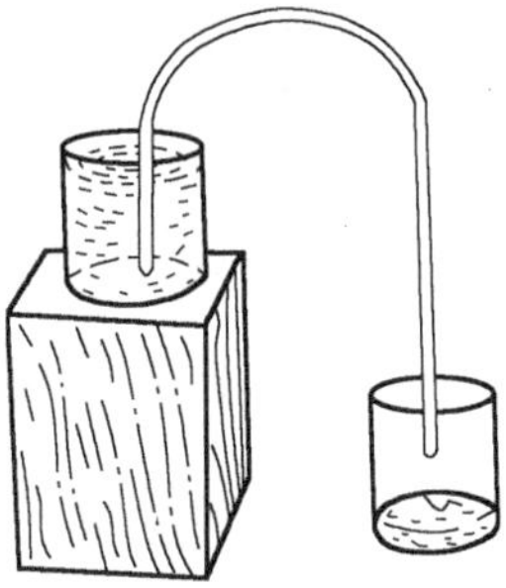

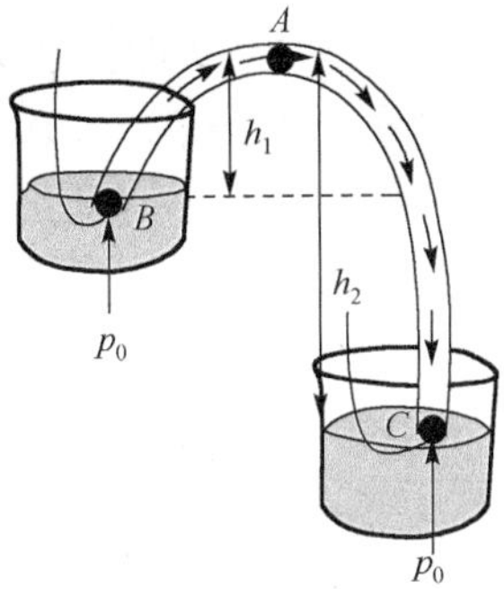

而在实际中，在 A 点处有一个吸球，用于产生大气压强差，在使用时，通过挤压吸球，排出气体产生低压. 由于 B 点的压强大于 C 点的压强，水更容易从 B 点被挤压到管中，而挤压上来的水顺从重力流到了 C 点. 由于 A 点与 B 点的压强差不会消减，所以可以源源不断地吸水.

知识拓展　在日常生活中利用大气压强与虹吸现象的例子还有很多. 例如，人生病时打吊瓶、高原抽水、抽水马桶等，其工作原理都涉及大气压强与虹吸现象.

§1.1.15

开水不响，响水不开的原理是什么？

生活现象　用水壶烧开水时，细心的同学通过观察会发现，在加热水的过程中，在水未烧开之前，常会听到水壶里发出很响的声音，特别是水快要开的时候，声音就特别响亮，但等到水彻底沸腾以后，反倒听不到之前那样响亮的声音. 这就是人们通常所说的“开水不响，响水不开”. 那么，其原理是什么呢？

物理原理　开始加热水时，水壶的底部会产生一些小气泡，这些小气泡主要是由吸附在壶底和溶在水中的空气形成的. 在气泡中除了空气外，还含有因为加热而产生的水蒸气. 随着水温度的升高，水向气泡内蒸发的水蒸气就逐渐增多，使气泡内的压强增大，这导致气泡体积也逐渐增大，于是，气泡在浮力的作用下由底部向上升起. 但当气泡上升到了温度较低的地方时，气泡内的部分水蒸气又会凝结成为水，导致气泡内的压强减小，同时，气泡的体积也逐渐减小. 同样的道理，随着继续加热，新的气泡也会由产生到膨胀，而且越来越多，越来越大，当这些气泡上升到温度较低的地方时，气泡体积又会逐渐减小. 也就是说，随着温度的升高，气泡不断上浮，气泡的体积一会儿膨胀一会儿缩小，会产生一种振动. 如果这种振动的频率与水壶的固有频率相同，则会产生共振，发出很响亮的声音. 另外，还有气泡会跑出水面，使壶内没有盛水的空间里气体的压强增大，导致一部分气体会从壶盖与壶体间的缝隙中排出，这也会产生声音. 然而，当水完全沸腾后，壶内的各部分水的温度相同，不存在温差，也就不会发生上述的振动发声现象.

知识拓展　很早以前的蒸汽机火车，靠的就是煤燃烧使火车头里水箱的水汽化，大量的水蒸气形成高压气体，从而推动火车活塞往复运动，最终推动火车轮子转动，所以，人们称当时的列车为火车. 大家印象最深的应该是火车头上的大烟囱和排气筒，尤其是火车的鸣笛声和刹车时发出的非常响亮刺耳的声音，这些都是大量的高压水蒸气排出时发出的声音，而大量的水蒸气来自火车锅炉加热后水面上形成的高压热蒸汽.

§1.1.16

飞机起飞和降落时，为什么很多人要嚼口香糖?

生活现象　大家是否知道，飞机起飞和降落时，为什么很多人要嚼口香糖?

物理原理　大气层空气的密度是变化的，大气压强随着高度的增加而减小. 因此在飞机起飞、降落和航行中，机舱内空气的压强会产生较大的变化.

人在地面时，地面的大气压强为 1atm（$1\text{atm}=1.01325\times10^5\text{Pa}$）左右，人的咽鼓管及内耳道内的空气压强也是 1atm 左右；当飞机升入高空之后，机舱内的空气压强降低，而内耳及咽鼓管封闭着 1atm 的气体，造成鼓膜内外有个压强差，鼓膜受到从内耳向外耳的压力作用，会使人感到头晕、恶心，甚至于出现呕吐等不舒服的症状. 这时只要张开嘴，做咀嚼、吞咽动作，咽鼓管就会开启，与空气相通，使内耳中的空气压强与机舱内的空气压强相同，则加在鼓膜上的压强差就会消失. 为了减轻乃至消除由气压变化带来的不适，可以选择咀嚼口香糖.

另外，碰到周围环境的气压有较剧烈变化的情况，主动张嘴，使内、外耳压强保持一致，也是保护耳朵的好办法之一.

知识拓展　通过张口说话、吞咽、捂耳朵等方式使耳膜内外气压差减小，减少耳膜振动，防止耳膜损伤. 例如，除夕夜鞭炮巨响持续不断，有些老年人和儿童就受不了那样响亮的声音，最好的办法是用棉花塞住外耳，减少巨响对耳膜的损害.

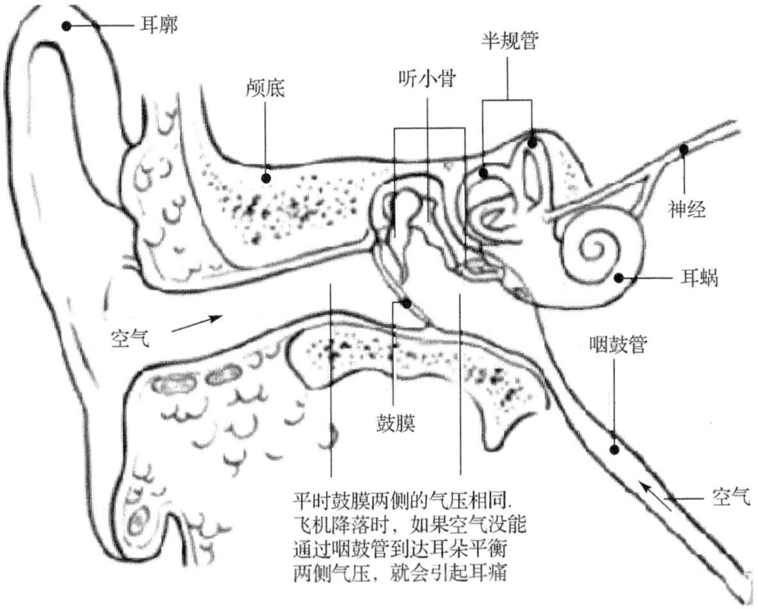

§1.1.17

粉墙(即用水泥粉刷过的墙体)上的无痕吸附式挂钩容易掉，这是为什么？

生活现象　现如今，很多人喜欢使用无痕吸附式挂钩挂东西，可是粉墙却不适合，我们常会发现，粉墙上的挂钩容易掉落，这是为什么？

物理原理　无痕吸附式挂钩主要是利用大气压强的作用使吸盘紧紧地吸附在墙壁上，这就要求墙壁是致密平整、完全密闭的. 我们仔细观察粉墙后，易发现墙体表面不是致密平整的，有许许多多的小孔，而这些小孔就会使外界的空气进入吸盘与墙体间的空隙，使大气压强的作用减弱，吸盘与墙壁之间的压力减弱，因而吸盘与墙体间的最大静摩擦力减小，这样，挂上东西的吸盘就比较容易掉下来，不能达到挂东西的目的. 因此，要保持吸盘与墙面的紧密接触，才能达到挂东西的目的.

知识拓展　有痕无痕是针对钩子本身的，但实际上无痕同时是针对接触面的. 比如双面胶挂钩在使用过程中脱落，那么墙壁上会有很难清理掉的痕迹，而吸盘以及由此衍生出的静电膜式挂钩就不存在这种现象，所以这是针对钩子本身的无痕. 当我们安装挂件时，更多的是用膨胀螺丝固定的，需要在墙壁上打眼钻孔，这就造成了墙壁的破坏，使墙壁本身有了痕迹. 这种破坏式安装是传统的方式，无痕更重要的就是避免这种现象. 无痕粘贴也比较常见，例如，小汽车前挡风玻璃内用静电膜贴汽车检查标志等.

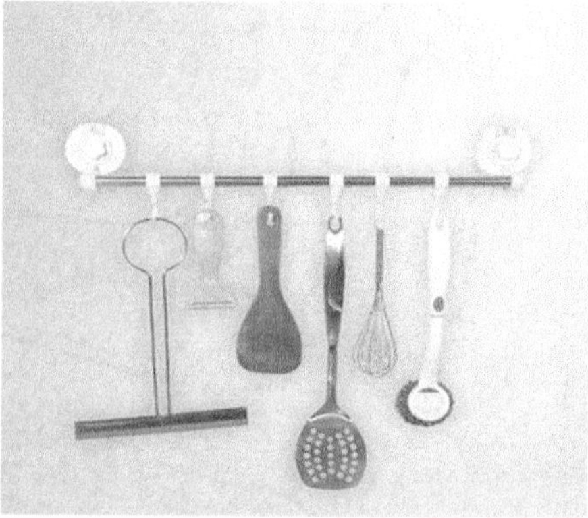

§1.1.18

为什么消声器安装在枪支的枪口处？

生活现象 看过谍战片的同学可能会发现，有些手枪带有消声器. 为什么消声器都安装在枪支的枪口处？

物理原理 消声器是安装在枪支前方枪口处的消声工具，能阻挡声波传播，允许气流通过. 开枪时产生高温气体，其压力将子弹推入枪膛，子弹射出枪口时尾部气体压强突然急剧变化导致声音很大. 消声器安装在枪口处，在开枪时能使子弹尾部受压空气的压力在消声器管内得到缓释. 当子弹离开消声器后，由于开口气体压强减小，声音就大大减弱了，所以消声器都安装在枪支的枪口处，以减缓空气冲出枪口时所产生的巨大压力对外面空气造成的冲击震动.

知识拓展 气体压强的骤变导致气体产生响亮的声音. 要减小气体产生的声音，就需要增加一段气体流通的缓冲距离，并设置合适的吸声装置. 例如，汽车的尾气排气管就是这样的原理.

§1.1.19

怎样清洁棉花？

生活现象 棉花制品(如棉被内芯)用久后颜色会变黑，棉花由当初的蓬松变得紧绷. 清洗棉花的方法并不是用水直接洗，而是需要通过工具进行弹棉花，从而达到清洗棉花的效果. 弹棉花是一种老手艺，最初弹棉花的工具是一弯弹弓、一张磨盘、一个弹花棰和一条牵纱篾. 弯弹弓的构造很简单，弹棉花时全仗人手用弹花棰击打弓弦，将棉纤维弹松. 其传承方式是由师傅带徒弟或父传子，所以很多弹花匠的手艺都是祖传的. 不过从 20 世纪 90 年代起，弹棉花手艺发生了根本的变化，弹花机的出现让弹棉花实现了规模化生产，弯弓、磨盘、弹花棰等弹棉花器械开始淡出人们的视线.

物理原理　通过高速抖动的弹弓弦与棉花发生多次碰撞，使棉花获得速度而高速振动，使其由原来的紧绷、陈旧的状态又转变成蓬松、清洁的状态，这个过程被称为清洗棉花. 另外，棉花还可以通过太阳暴晒或用酒精清洗等方法进行杀菌，这对于棉花上的霉菌非常有效.

知识拓展　棉花物品内的硬质颗粒物也可以通过弹棉花的形式将其弹出，脱离棉花本体，从而达到除杂质的目的，其利用的就是物理中的碰撞原理、惯性原理以及振动特性.

§1.1.20

在不打碎鸡蛋的情况下，如何区别生鸡蛋和熟鸡蛋？你能说出其中的原理吗？

生活现象　大家都经常吃鸡蛋，对鸡蛋非常熟悉，但是，有一个问题不知道大家能否回答，即在不打碎鸡蛋的情况下，如何区别生鸡蛋和熟鸡蛋？你能说出其中的原理吗？

物理原理　有两个类似的方法可以判断鸡蛋的生熟. 第一个方法是，用同样的力，使这两个鸡蛋在桌子上转动，旋转快的是熟鸡蛋，旋转慢的是生鸡蛋. 第二个方法是，当鸡蛋旋转起来时，用手轻轻地在旋转着的鸡蛋上面按一下，然后把手拿开，立刻停止转动的是熟鸡蛋，继续旋转一会儿才停止转动的是生鸡蛋.

用物理学中的惯性可以解释这一现象. 生鸡蛋里面的蛋黄和蛋白是液体，当我们转动鸡蛋后，蛋壳开始旋转，鸡蛋里面的液体由于惯性的作用，要保持原来的静止状态，所以生鸡蛋旋转起来比较慢. 而熟鸡蛋里面的蛋黄和蛋白是固体，而且和蛋壳已结为一个整体，当我们转动鸡蛋后，各部分一同旋转，所以旋转起来的速度比生鸡蛋要快一些. 同样，对于正在旋转的鸡蛋，我们用手去轻轻按一下，当把手拿开之后，如果是生鸡蛋，蛋壳虽有停止转动的趋势，但是里面的蛋白、蛋黄是液体，由于惯性的作用，要保持它原来转动的状态，所以还会带动蛋壳继续转动一阵子. 而熟鸡蛋的蛋壳、蛋白、蛋黄已经结为一个整体了，所以用手轻轻一按就会马上一起停止转动. 说得形象一点，就是蛋白和蛋黄在这里起着“刹车”的作用.

知识拓展 有质量的物体都具有保持原来运动状态的性质，这就是物体的惯性. 惯性现象以及原理在社会生活中普遍存在. 例如，从枪膛射出的子弹由于惯性会击中很远的目标，这是在利用惯性射击目标. 质量相同的物体，由于其存在的状态不同，可能导致惯性体现的效果也各异. 例如，相同质量的同一种玻璃杯内，存放相同质量的水，让其中一个杯子放在冰箱冷冻室内急速降温而结冰，然后使两个玻璃杯都在水平面上沿玻璃杯轴线旋转，冻结的玻璃杯没有任何变化，而存放水的玻璃杯表现出来的状况是：杯内的水没有杯子旋转的快，杯内水开始旋转时，水面呈凹面形，即靠近杯子壁的水面上升，靠近杯子轴线的水面高度降低. 这都是惯性导致的现象.

§1.1.21

自行车骑得熟练的人骑自行车为什么不容易摔倒？

生活现象 自行车骑得熟练的人骑自行车为什么不容易摔倒？其原理是什么？

物理原理　自行车的平衡是一个动态的平衡过程，是一个不稳定平衡. 骑自行车的时候，自行车将要摔倒时通过转动车把，改变自行车重心位置，从而使自行车平衡. 如果自行车和人整体往左侧倾斜，人会反射式地将自行车的车头向左偏，将行进的方向偏左. 车是在向前运动的，由于惯性会将人向原来的直线方向“推”，这时候由于车头偏左，相对来说人就受到一个向右的力，将人的倾斜趋势纠正. 向右倾斜也是类似的. 但是没有学会骑自行车的人没有建立这种条件反射，就不能掌握自行车的平衡. 骑自行车熟练后，骑车人会随时调整重心的位置而使自行车不会倒.

知识拓展　三轮车快速行进在平直的公路上，如果突然改变车头的方向，则三轮车往往会因为惯性而发生侧翻. 这是因为如果突然改变车头的运动方向，意味着要改变重心原来的运动方向，惯性使三轮车的重心偏离出支撑面，于是三轮车侧翻.

§1.1.22

在路上踩到香蕉皮或者西瓜皮为什么会摔倒？

生活现象　如果有人在路上行走时一不小心踩到香蕉皮或者西瓜皮，为什么常会摔倒？

物理原理　惯性定律告诉我们，任何物体都具有保持原来运动状态的性质，人也具有保持原来运动状态的性质，这种性质被称为惯性. 当人踩到香蕉皮或者西瓜皮等光滑的物体时，因脚与地面的摩擦力减小，于是脚下向前的速度会增大，而人的上半身由于惯性继续保持原来的速度不变，因此，人会向后摔倒.

知识拓展　因惯性而引起损害的例子很常见. 例如，人正常走路时被绊了一下，向前摔倒；汽车突然刹车，坐在前排的人的头会碰到挡风玻璃上. 当然，人们也可以利用惯性为人类服务. 例如，开车加速冲上坡路.

§1.1.23

为什么挂在墙壁上的石英钟当电池的电能耗尽而停止走动时，其秒针往往停在刻度盘上“9”的位置？

生活现象　细心的同学可能会发现，挂在墙壁上的石英钟当电池的电能耗尽而停止走动时，其秒针往往停在刻度盘上“9”的位置，猜猜为什么？

物理原理　钟表的三个指针围绕表盘中心顺时针旋转时，重力一直在做功. 从6点到12点，钟表齿轮系统需要克服指针的重力做功，即指针的重力做负功；从12点到6点，指针的重力对齿轮系统做正功，减轻了齿轮系统的运作负荷. 而9点的位置，指针的重心到旋转中心的水平直线距离最大，因而重力矩也最大，要使指针转到9点位置，需要齿轮系统付出最大的负荷. 因此，当电池的电能耗尽而停止走动时，秒针最有可能停止在9点这个位置.

知识拓展　物体的运动分为平动与转动，物体受到的转动力矩越大，物体发生转动的效果越明显. 力矩与力及力作用的力臂的大小和方向有关. 日常生活中，为达到理想的转动效果，必须考虑力的大小、作用点及方向. 例如，开关教室门、使一个轮子转动等.

§1.1.24

为什么轮胎瘪气的自行车骑起来更费劲?

生活现象　大家都有这样的生活感受与经验，自行车轮胎的气不足时骑起来感到费劲，那么，为什么轮胎瘪气的自行车骑起来更费劲?

物理原理　由于自行车轮胎变瘪以后，它的形状变得不圆了，这使得它的滚动阻碍变得比原来圆形的时候更大了. 先来看一下物体的滚动. 以正方体为例，如下图所示，设其重力为 G，重心到瞬心 O 的水平距离为 e，在外力 P 作用下发生滚动，那么 $G\cdot e$ 是滚动的阻力矩.

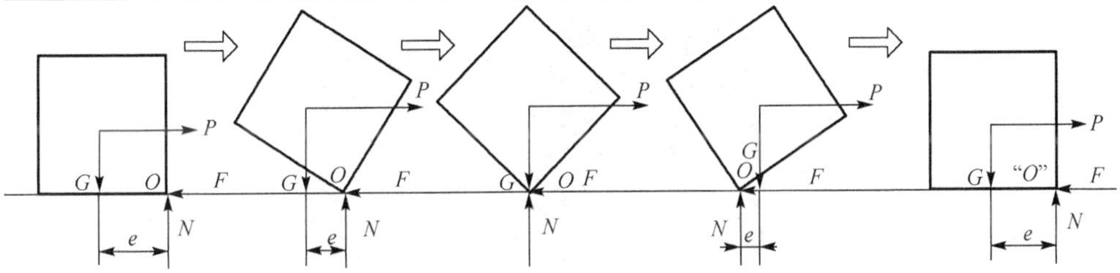

随着物体的滚动，e 逐渐缩小；$G\cdot e$ 也随着一同减小. 当 G 与支持力 N 共线时，$G\cdot e$ 为零，越过共线点，$-e$ 的绝对值逐渐增大，$G\cdot e$ 的绝对值也随着一同增大；此时无需外力作用，物体便能自行滚动至稳态. 我们把阻力矩从最大值 $G\cdot e$ 到最大值 $|-G\cdot e|$称为一个力矩周期. 在这个周期内，$G\cdot e$ 由最大阻碍作用变为最大动力作用，进而重新作为阻力，开始下一个力矩周期.

从这种由物体重力引起的滑动阻碍作用和滚动阻碍作用大小的比较来看，多数场合滚动阻碍作用要显得大些，但圆形体的滚动阻碍作用很小，这是由圆形体特有的几何形状所造成的. 通常我们讲的滚动大多是指圆形体的滚动. 下边来看一下圆形体的滚动阻力矩：

如下图所示，如果增加正方体的棱边，我们会发现，e 随着棱边个数 n 的增加而减小，从而导致 $G\cdot e$ 的初始值减小，力矩变化周期也随之缩短. 当 n 趋于无穷大时，这个正多棱体趋于圆形体. 此时，由于圆周上各点到圆心的距离相等，$-e$ 现象消失；力矩 $G\cdot e$ 趋于一常量，并且在滚动中始终维持在滚动前的临界状态. 这个常量就是圆形体的滚动阻力矩. 比较起来，这个圆形体 $G\cdot e$ 的阻碍作用要比滑动时由摩擦引起的阻碍作用小得多. 也就是说，自行车在轮胎气足的情况下，轮子近似为一个圆形体，阻碍作用最小，而轮胎瘪气时，轮子近似是一个多棱体，阻碍作用比圆形体时大，骑起来更费力.

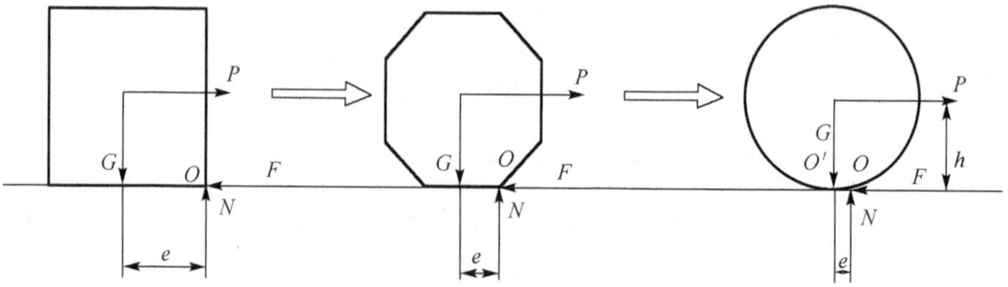

知识拓展　促使物体进行转动或滚动依靠的是施加在物体上的力矩，力矩越大，物体越易转动或滚动. 要达到这个效果，就要设法从作用力以及力臂的大小两个因素进行设计. 反过来，要阻止物体的转动或滚动，也要从这两个因素上调整反向力矩的大小. 利用这个原理，就可以理解运输汽油的罐车的油罐形状的设计意图.

§1.1.25

杂技演员表演走钢丝时，为什么要拿根长杆？

生活现象　同学们是否知道杂技演员表演走钢丝时，为什么总是拿根长杆？其利用了什么原理？

物理原理　小时候看杂技演员表演走钢丝时就产生过这样的困惑. 其实，当人在钢丝上走的时候，人就相当于以脚为支点的一个杠杆，通过调整人的重心位置来保持杠杆平衡. 当人拿一根长长的木杆时，没有改变人的重心位置，但能改变人与杆子作为整体的转动惯量，使整体的转动惯量增大. 也就是物体转动的半径越大，转动惯量也就越大. 如果由原来的静止到整体倾斜掉下来，就需要很大的转动惯量，也就是说，很难发生转动，转动需要较长的时间，这样，人就有足够的时间来调整自己的姿势，使重心移向倾斜的相反方向，最终达到整体平衡.

知识拓展　在社会生活中，利用增大转动惯量的方式来保持物体平衡的例子很常见. 例如，飞机的翅膀通常很长，其中就有防止飞机在空中飞行时沿飞机机身这个转轴转动的因素. 杂技演员进行各种空中表演时，经常看到他们两个胳膊伸展得很直、很开，就是利用增大转动惯量的方式保持身体的稳定平衡.

§1.1.26

吹出的肥皂泡为什么先上升后下降？

生活现象　同学们都有吹肥皂泡的经验，细心的同学会发现，吹出的肥皂泡先上升后下降，为什么？

物理原理　大家知道，开始吹肥皂泡的时候，肥皂泡里是从嘴里吹出的热气体，肥皂膜将其内部热气体与外界隔开，形成内外两个区域，内部热气体的温度高于外部空气的温度，此时，肥皂泡内气体的密度小于外部空气的密度，根据阿基米德原理可知，肥皂泡受到的向上的浮力大于它受到的重力，因此它会上升. 这个过程就跟飞行的热气球的原理是一样的. 随着时间的推移，肥皂泡内、外气体发生热交换，内部气体温度下降. 因热胀冷缩，肥皂泡体积又逐步减小，它受到的外界空气对其的浮力也会逐步变小，但是其受到的重力不变，这样，当重力大于浮力时，肥皂泡就会下降.

知识拓展　利用气球内外气体密度差而进行飞行的社会应用现象很普遍. 例如，巨大的热气球的飞行、孔明灯的飞行等都是这一原理的应用.

§1.1.27

较大的轮船一般由钢铁制造而成却能浮在水面上，但将一个铁块放入水中会沉入水底，那么轮船是依靠什么力量漂浮在水面上的？

生活现象　用钢铁制造的巨型轮船能漂浮在水面上，这是为什么？

物理原理　轮船在水中会受到向下的重力和向上的浮力，如果两个力可以相互平衡，那么船体就可以保持稳定的状态，即漂浮在水面上. 根据阿基米德原理：浸入液体中的物体受到向上的浮力，浮力的大小等于物体排开的液体所受到的重力. 因此，相同质量的物体，排开的水越多，所受到的浮力也就越大.

我们可以做个小实验来证明这个原理：把一块薄铁皮放在水面上，它就立刻沉下去了；如果用这块铁皮做一个铁盒，再放到水面上，虽然重力并没有变，它却能漂浮在水面上. 即使向盒子里加点东西，盒子也只是下沉一点点，但仍能漂浮在水面上. 这是因为盒子底面受到水的压力，这个压力就是竖直向上的浮力. 当浮力等于铁盒的重力时，就能托住铁盒让它浮在水面上. 而浮力是随物体排开液体重力的增加而增加的. 巨型轮船浮在水面上就是反映了这个原理. 船越重，船排开水的重力越大，它所受的浮力也就越大，即使轮船装运很多的货物，也不会沉底了.

知识拓展　潜水艇在水面下不同深度的位置和在露出水面不同高度的位置均能自如静止下来，这主要是操作人员通过调整潜水艇排水量来达到调节浮力的目的. 还有学游泳的人身上常套着游泳圈，确保不会沉入水下，就是浮力的应用.

§1.1.28

为什么蜂巢的洞口是六边形而不是圆形？

生活现象　细心的同学可能会观察到，蜂巢的洞口是六边形而不是圆形，为什么？

物理原理　圆形不能充分利用空间，这是因为在一个平面上圆形不能无空隙地填满这一平面. 能够填满一个平面的等边多边形，只有三角形、四边形、六边形等. 蜂窝首先要节省材料，其次是要坚固耐用. 六边形的稳定性虽然不如三角形，但是结合蜜蜂的形体，等边三角形住着肯定不舒服，而其他多边形的稳定性就比六边形差远了. 六边形致密的结构使各方受力大小均等，且容易将受力分散，所能承受的冲击力也要比其他结构大. 蜂巢的巢房是由一个个正六边形的中空柱状房室，背对背对称排列组成的. 六边形房室之间相互平行，每一个房室的距离都相等. 每一个巢房的建筑，都是以中间为基础向两侧水平展开，从其房室底部向开口处有 13° 的仰角. 这也很好地解释了为何蜜蜂巢不呈三角形、正方形或其他形状.

知识拓展　比利时物理学家普拉托发现的普拉托定律中，有一部分是这样说的：相交在同一条边界线上的膜壁一定有三面，两两之间的平面角都是 120°；相交在同一点的膜壁一定有四条边界线，两两之间的夹角都约为 109° 28′. 对于蜜蜂来说，为了尽量利用资源，会同时建造两层末端相对的蜂巢，而这些末端相接的地方，也就是蜂巢的底部，正是由三个 109° 28′的菱形拼成的，再次印证了普拉托定律.

§1.1.29

为什么发条拧得越紧，钟表走的时间越长？

生活现象　有钟表使用经验的人会发现，发条拧得越紧，钟表走的时间就越长，为什么？

物理原理 发条是为钟表提供能量的零件，圈绕在条盒内. 钟表是靠发条的弹性势能转化为动能来工作的，即弹性势能转化为动能用以使钟表齿轮转动做功. 发条拧得越紧，它发生的形变就越大，具有的弹性势能越多，转化成的动能就越多，钟表走的时间就越长；反之，发条拧得越松，钟表走的时间就越短.

知识拓展 弹性势能与动能之间可以相互转化，这样的例子在社会生活中应用很广泛. 例如，人们利用弓箭射击远处的目标，就是将弓箭的弹性势能转化为箭头的动能，使箭头飞向目标，而且，弓拉得越满，箭射得就越远.

§1.1.30

住楼房的许多人在半夜听到过，天花板上经常有几声像弹珠球跌落在地上又弹起的声音，这是什么原因呢？

生活现象 有这样一个调查发现，住楼房的许多人在半夜听到过，天花板上经常有几声像弹珠球跌落在地上又弹起的声音，这是什么原因呢？

物理原理 解释这个原因，除了要用到物理知识外，也包含微生物方面的知识. 一种比较普通的解释是声音的“元凶”是霉菌，它喜好生于多细孔表面，并以水泥中的矿物质为食，会腐蚀工业材料与水泥. 一般天花板以细钢筋作为支撑，在灌浆的时候不能保证钢筋恰好笔直地卡在水泥中，受到水泥浆的流动和重力影响，它会产生向上或向左右的应力累积，房子盖好数年后，受到地震或地基小位移等因素影响，细钢筋又会产生新的应力.

在天花板的偏下层有电灯线路的管线出口，霉菌常会沿着该孔逐步入侵水泥中的缝隙，而细钢筋与水泥接触面是最理想的缝隙，故霉菌多聚生于此. 菌丝向四周开始侵蚀，形成一个中空管道. 当某根有应力的钢筋周围的水泥被侵蚀到一定程度后，钢筋便会在中空管道中来回弹动，来回弹动产生了声音，这就是弹珠球声的来源.

知识拓展　刚性物体内部通常有应力出现，当外界条件发生改变后，很可能影响到刚性物体内部应力的变化，这种应力的突变可能产生声音. 例如，冬天房间放暖气后，室温的急剧增高导致室内家具内外温差较大(外高内低)，家具内外受热膨胀的程度不一样，使得家具内部产生应力，在夜深人静之时，就可能听到家具发出响亮、简短的类似绳子断了的声音. 反过来，当天气变暖，关掉暖气的时候，半夜里也能听到类似的响声，这是家具内外温差(外低内高)导致的应力变化发出的声音.

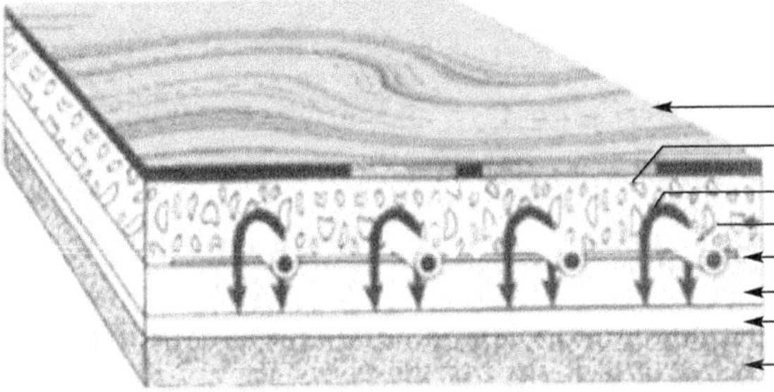

地热层剖面图

§1.1.31

为什么早餐吃的麦片会聚集在一起，或者粘在盛有牛奶的杯子边?

生活现象　早餐食用牛奶与麦片的同学是否注意到，如果将麦片放入牛奶中，麦片常会聚集在一起，或者粘在盛有牛奶的杯子边? 为什么?

物理原理　剑桥大学的研究生 Dominic Vella 和哈佛大学的数学家 Lakshminarayanan Mahadevan 在 2005 年的论文中首次解释了这种物理效应.

他们证明，麦圈效应(早餐吃的麦片会聚集在一起，或者粘在盛有牛奶的杯子边的现象)来自液体表面的几何形状. 表面张力使得牛奶的表面在杯子的中间略微塌陷. 由于牛奶中的水分子被玻璃吸引，牛奶的表面在杯子的边缘发生浸润而向上弯曲. 正是由于这个原因，边缘附近的麦片沿着这条曲线向上浮动，看起来好像它们紧贴着边缘. 另外，由于表面张力，杯子中间漂浮的谷物使得牛奶的表面出现凹陷，产生了一个倾角. 当两块谷物接触时，它们的两个凹陷融合成一个，使得它们粘在一起.

知识拓展　在日常生活中，液体表面张力、固体与液体在接触面处发生浸润引起的液面弯曲现象随处可见. 例如，小昆虫在水面上自如地行走而不下沉，玻璃杯倒满水其液面凸出而水未流出杯外等，都是液体表面张力以及固体与液体接触面处发生浸润引起的液面弯曲现象的体现. 固液界面发生浸润引起的液面弯曲现象与液体的种类以及固体材料有关.

§1.1.32

钢笔写字的原理是什么？

生活现象　大家是否思考过，为什么钢笔能写字？其原理是什么？

物理原理　钢笔中的墨水是如何从笔端移动到纸面的呢？钢笔是通过笔杆内水性墨水的重力作用和毛细管作用，持续供墨于笔尖的书写工具．毛细管作用令墨水克服重力等作用力流入细管中，而这一作用包含两个过程：第一，液体通过接触部位的分子吸引力黏附于固体之上；第二，液体的表面张力．另外两个重要的因素是液体的黏度以及书写的速度．书写的过程就仿佛钢笔和纸张在争夺墨水．

纸张上的微小孔洞通过毛细管作用吸引墨水，而墨水的黏度则在阻碍这种运动；运动的钢笔在拖动墨水，而墨水的黏度同样也在阻碍钢笔的运动，随着书写速度的不同，这两种作用就导致了或粗或细的笔迹．

知识拓展　上述生活现象反映的物理原理——毛细管作用在日常生活中很常见．当含有细微缝隙的物体与液体接触时，在浸润情况下液体沿缝隙上升或渗入，在不浸润情况下液体沿缝隙下降．这种毛细管作用比较普遍，如钢笔吸水．

§1.1.33

为什么肥皂泡大都是球形，很少见到方形或者椭球形的肥皂泡？

生活现象　肥皂泡大都是球形，很少见到方形或者椭球形的肥皂泡. 为什么？

物理原理　液体具有表面张力，这种表面张力造成了液体的外形是球形的. 液体表面的水分子是以最紧密的方式排列的，这种排列会使液体表面具有达到最小表面面积的趋势. 而在众多的形状中(如长方体表面、椭球形表面等)，球体的表面面积最小，这样的表面中水分子能以最紧密的方式排列.

在吹泡泡的过程中，肥皂水分子会形成球体以达到最小的表面面积. 而自来水中水分子之间的吸引力很强，吹气形成的水泡薄膜在这么强大的力量下很快破裂，在空气中无法形成泡泡. 但加入洗洁精后情况就不一样了，水分子分散开，吸引力减弱，吹入空气就形成了肥皂泡. 大家都知道，在同样体积的情况下，球体的表面面积是最小的. 对于肥皂泡而言，由于表面张力的存在，肥皂泡的薄膜会尽可能收缩到最小，直到里面的空气被压得不能再小. 所以，肥皂泡都是滚圆滚圆的.

知识拓展　通常可以看到，吹出的一连串的肥皂泡会逐渐变大，在阳光下肥皂泡表面颜色五彩斑斓，不断变化，最后破灭，这已经成为小朋友室外休闲娱乐的工具. 家长可以通过让小朋友观察肥皂泡奇妙的变化(形状与颜色的变化)来激发他们追求科学、努力学习科学的志趣.

§1.1.34

火焰的方向为什么是向上的？

生活现象　生活中大家看到自然燃烧的火焰的方向都是向上的，为什么？

物理原理　众所周知，在地球上的物体，都会受到重力的影响. 重力的作用通常导致密度小的物体向上移动，而密度大的物体向下移动. 空气也是一种物质，火焰在空气中燃烧过程中会产生热量，这些热量会加热周围的空气而使其膨胀，导致这些空气的密度比正常情况下的密度小. 由于热空气的密度小于外围未受热的空气的密度，热空气向上运动，未受热的空气会相对下沉，从而在火焰周围形成一种上下气体的对流，导致了火焰方向一直向上的情况. 如果在太空中，由于物体完全失重，则火焰不会形成这样的形状.

知识拓展　在日常生活中，气体、液体等流体的对流现象很普遍，人们通常利用对流原理来为人类造福. 例如，在火炉上烧开水，利用家用叶轮风扇吹风乘凉等. 但有时候强对流天气会给人们带来自然灾害.

§1.1.35

候鸟迁徙时为什么呈人字形?

生活现象　大家知道，大雁是候鸟，对气温特别敏感，一年两次的迁徙从不中断，每年要飞行好几万公里，光是一天内就要飞行好几百公里. 它们在空中飞行排成人字形，蔚为壮观. 那么，为什么大雁飞行时要排成人字形?

物理原理　这是大雁与生俱来的一种合作的本能. 大雁列队飞行时，双翅扇动，可以形成一股上升气流，在后面的大雁紧紧跟着，可以利用这股气流，飞得更快、更省力. 当一只大雁脱队时，它立刻感到独自飞行时迟缓、拖拉与吃力，所以很快就又回到队形中，继续利用前一只大雁所形成的上升气流. 大雁飞行时定期变换领导者，为首的大雁在前面开路，能帮助它两边的雁形成局部的真空. 当领队的大雁疲倦了，它会退到侧翼，另一只大雁则接替它飞在队形的最前端. 大雁飞行的路程很长，它们除了靠扇动翅膀飞行之外，也常利用上升气流在天空中滑翔，使翅膀得到间断的休息，以节省自己的体力. 当雁群飞行时，前面雁的翅膀在空中划过，膀尖上会产生一股微弱的上升气流，后面的雁为了利用这股气流，就紧跟在前雁膀尖的后面飞，这样一个跟着一个，就排成了整齐队伍，形成人字形雁队．借着人字队形，整个雁群比每只大雁单飞时至少可以增加 70%的飞行距离．大雁的叫声不但热情十足，还足以给同伴们鼓舞精神，它们靠着随时不断的互相鼓舞到达目的地．

知识拓展　大雁等候鸟能团结一致，合理利用气流完成自己的飞行任务，最终到达它们理想的目的地．在现实生活中，人们利用自然规律开展活动的例子也很常见．例如，在北方天气逐渐变暖的春天，会看到很多人聚集在一起放风筝，就是利用天气转暖，地面有上升的热空气气流，容易将风筝放得更高、更远．

§1.1.36

为什么鸟飞行时翅膀要上下拍动，飞机飞行时机翼却固定不动？

生活现象　大家知道，飞机最早是从鸟的飞行得到启发而设计、研发的，但是为什么鸟飞行时翅膀要上下拍动，飞机飞行时机翼却固定不动？

物理原理　现代的飞机都必须同时具备两样东西才能飞上天，一是机翼，二是推进器．飞机机翼的作用是产生升力，从而把飞机悬托在天空中；而飞机的推进器，则是用来产生推力，驱使飞机向前飞行．如果没有推进器而只有机翼，那就变成了滑翔机．滑翔机只能依靠别的力量拖上天去，自己不能独立升空．由此可见，飞机的机翼在飞行中只起支持作用，而没有推进的能力．

可是鸟的翅膀就不同了．鸟的发动机，就是它本身；而推动它前进的，就是它的翅膀．因此，鸟的翅膀就同时完成了两项任务：一是产生升力把自己悬在空中，二是产生推力使自己前进．固定的机翼只能起到产生升力的作用，而鸟只有拍动翅膀，才能同时产生升力和推进力．所以飞机机翼可以固定不动，而鸟的翅膀却要上下拍动.

那么，是不是也可以让飞机的机翼上下拍动呢？这是人类自古以来都企图实现但又未能实现的一个梦想. 空气动力学的研究告诉我们，采用扑翼飞行(机翼可以抖动的飞机)的方式比较省力，如果能把现在定翼飞机改成扑翼飞机，可以节省飞机所需要的功率. 但是，由于人们还没有完全掌握扑翼飞机这方面的规律，因此还没有扑翼飞机投入使用.

知识拓展　在空中飞行的飞机、器件、鸟类等都需要借助空气的作用，也就是说，物理学上讲都与空气动力学有关，解决了向前推动力的问题和向上升力的问题，以及控制飞行方向的装置等核心问题，空中飞行的问题就迎刃而解. 像大家经常可见的无人机、滑翔机、飞行热气球、风筝以及鸟类的空中飞行，都是物理学中体现空气动力学的很好的例子.

§1.1.37

风筝可以飞起来的原因是什么？

生活现象　在我国的北方，到了春天的时候，许多小孩子在户外放风筝，尤其是在我国的山东潍坊，还有风筝节，放风筝的场面非常壮观. 那么，风筝可以飞起来的原因是什么？

物理原理　放过风筝的人，一定会有这样的体验与经验，即风筝必须迎着风且保持头高、尾低才能飞起来. 人扯着风筝的线，就是为了能够斜着拉住风筝，风筝被斜着拉住的时候，才能保持这种头高、尾低的状态. 保持这个状态的时候，风筝线的拉力、风筝的重力、空气向上的托举力以及阻力等多力达到平衡，方可让风筝飞起来，在空中动态平衡. 要改变原来的飞行高度和状态，就必须重新调整风筝线的长度、方向等，还要注意借助当地的风向与风力大小，使风筝达到新的平衡.

知识拓展 在空中飞行的物体，无论是运动的还是静止的，都受到力的作用，这些力往往是许多力的合力，尤其是要考虑空气、气流对物体的影响.

§1.1.38

坐飞机出行的时候，总是有人喜欢打趣地说“坐飞机可不能一路顺风哦，得祝你一路逆风”. 那么飞机飞行为什么要逆风?

生活现象 同学们可能有这样的生活经验，在为朋友送行时常用的一句祝福语会是“一路顺风”，但坐飞机出行的时候，总是喜欢打趣地说“坐飞机可不能一路顺风哦，得祝你一路逆风”. 那么飞机飞行为什么要逆风?

物理原理 在坐飞机的时候，我们经常可以看到飞机选择逆风向起降. 这其中包含着很多的科学道理. 飞机起飞和着陆选择逆风主要有两个原因：一是可以缩短飞机起降的滑跑距离，二是可以获取更好的稳定性和安全性. 机翼升力的大小，取决于飞机与空气的相对速度，而不取决于飞机与地面的相对速度. 飞机逆风起飞时，与空气的相对速度等于飞机滑跑速度加上风速，由于飞机相对于空气运动速度越大，获得升力也就越大，这样就可以减少滑跑距离；相反，顺风起飞时，由于飞机相对于空气运动速度小，其升力也就比较小. 在着陆时，如果是顺风，对空气的相对速度小，飞机升力就相对小，必须增速克服风速影响，才能保持正常升力. 因此，如果是顺风起飞与着陆，不仅需要增加滑跑距离，而且给飞机准确着陆带来困难，甚至使飞机发生冲出跑道的事故. 而逆风着陆，则可有效避免这种情况，增加安全性.

此外，飞机起降时速度比较慢，稳定性差，如遇强劲的侧风就会把飞机吹倾斜，所以一般说来，只有在无法选择逆风条件而且跑道长度足够的条件下才可以顺风着陆. 不过，随着技术的不断发展，现在飞机速度以及稳定性都有了很大的提高，风向对飞机起降的影响也减小了.

知识拓展 飞机飞行靠的是飞机发动机产生的向前的推力和机翼产生的向上的升力，这二者共同作用使飞机在空中能够持续飞行. 飞机起降的情况还与飞机相对于气体流动的速度及方向密切相关，飞机起降时，风向及气流是不得不考虑的重要因素. 在实际飞行中，经常会遇到空中气流从正向或侧向与飞机相撞，导致飞机出现短暂的颠簸，有时颠簸持续的时间较长而且很剧烈，更甚者，可能会导致飞行事故发生. 因此，乘飞机出行，经常要参考飞行路线的天气情况.

§1.1.39

吃饭时，我们对着一勺热粥吹气，为什么一口气能降低比较高的温度，吃的时候甚至会感觉凉？

生活现象 大家都有这样的经验与体验，吃饭时，我们对着一勺热粥吹气，为什么一口气能降低比较高的温度，吃的时候甚至会感觉凉？

物理原理 大家知道，根据流体力学的原理，当我们大口吹气时，气流速度大，流动空气的压强就减小，旁边的低速、凉空气也就会被吸过去，同时加快了蒸发，从而使到达粥的气体的温度小于人的体温，并且粥表面的温度也会因热量散失而降低，几口气吹过去，再加上下搅动粥，粥的温度就会大大降低，低于体温时，人就会感觉比较凉了.

知识拓展 流动气体的压强比不流动时的气体压强小，并且流速越大，压强越小. 这种原理被普遍应用. 例如，飞机之所以能升起来，就是靠机翼上下流动气体产生的压强差对飞机产生向上的升力.

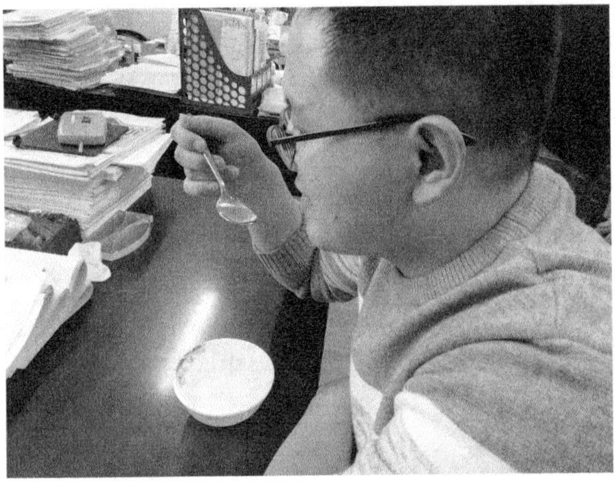

§1.1.40

为什么从高处落下的薄纸片即使无风也会曲折下落?

生活现象　大家是否观察过从高处落下的薄纸片？为什么即使无风它也会曲折下落？

物理原理　从高处落下的薄纸片，即使无风，下落的路线也曲折多变. 这是由于薄纸片各处凹凸不同，形状各异，因而在下落的过程中，相对于薄纸片表面各处的气流速度不同. 根据流体力学原理，流速大，压强小，薄纸片各处所受的压强大小不一样，致使薄纸片各处受到的空气作用力也不均匀，且随薄纸片运动情况的变化而变化，所以薄纸片不断翻滚，曲折下落.

知识拓展　利用流体力学原理进行运动的现象比比皆是. 例如，飞机的飞行、起降，鸟类的飞行、滑翔，战斗机在高空中的飒爽英姿等，其实都是通过改变气流而使其受力发生变化，从而完成想要的运动.

§1.1.41

将气球吹大后撒开手，气球的运动是怎样的?

生活现象　将气球吹大后，用手捏住吹口，然后突然放手，气球内气流喷出，气球因反冲而运动. 可以看见气球运动的路线曲折多变.

物理原理　气球这样运动有两个原因：一是吹大的气球各处厚薄不均匀，张力不均匀，使气球放气时各处收缩不均匀而摆动，从而运动方向不断变化；二是气球在收缩过程中形状不断变化，因而在运动过程中，气球表面处的气流速度也在不断变化，根据流体力学原理，流速大，压强小，所以气球表面处受空气的压力也在不断变化，气球因此而摆动，从而运动方向不断变化.

知识拓展　将气球固定在竖直的轨道上与纸质飞机模型相连，通过气球充气后放气，使飞机模型在气球的反冲下飞速上升，演示航天飞机或卫星的发射场景.

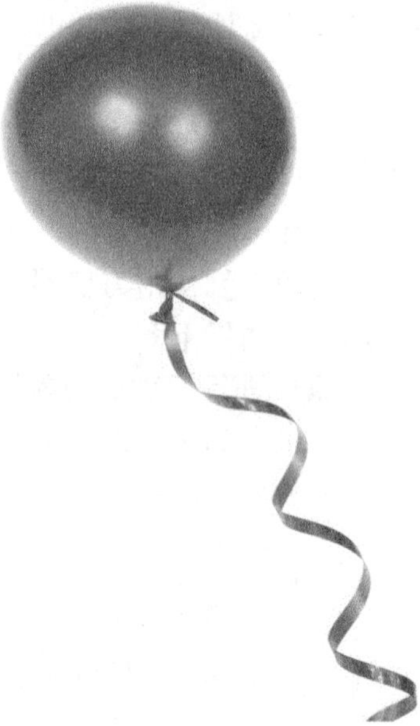

§1.1.42

为什么把我们的声音录进录音机里，播放出来时会觉得不像自己的声音呢?

生活现象　进行过录音的同学可能都有这样的体验，就是把我们的声音录进录音机里，播放出来时会觉得不像自己的声音. 这是为什么？

物理原理　这是声音的传播途径不一样导致的. 当人说话的时候，声音会沿着两条不同的渠道传播：一条是通过空气传播，这个传播途径上的声音会让其他人听到；另一条是通过头骨传播，这个传播途径上的声音只会让说话者本人听到. 通过空气传播的声音受环境影响，其能量会产生大量的衰减，其音色也会产生变化，在到达其他人的耳朵时，要通过外耳、鼓膜、中耳，最后进入内耳，这个过程也会对声音的能量和音色产生影响. 而通过头骨传播的声音是经过喉管与耳朵之间的骨头直接到达内耳的，声音的能量衰减和音色变化相对很小. 因此，人们听自己的声音和通过录音机听自己的声音在能量和音色上会有一定的差异.

知识拓展　人耳贴在铁轨上可听到很远地方开来的列车的声音；某人冻得可听到自己的牙齿在咯咯响；对于同一音源，不同的人听到的声音不一样.

认识耳朵的结构

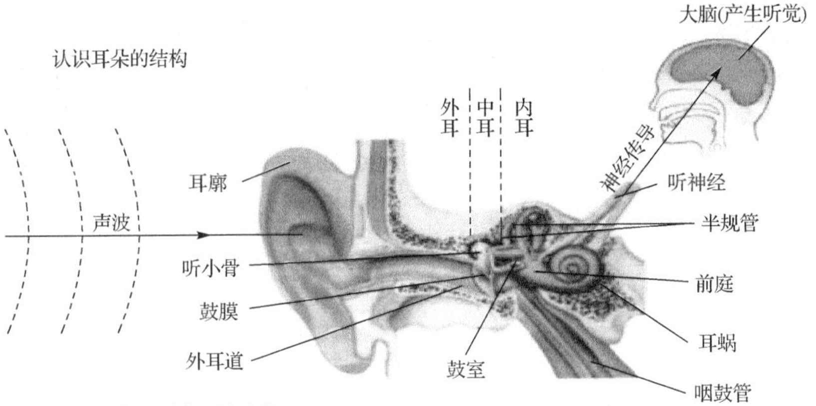

外耳包括：耳廓、外耳道
中耳包括：鼓膜、鼓室、咽鼓管
内耳包括：前庭、半规管、耳蜗

§1.1.43

为什么大雪过后外界很安静呢？

生活现象　北方的冬天经常下大雪，细心的同学是否发现大雪过后外界很安静呢？为什么？

物理原理　刚下过的雪是蓬松的，它的表面层有许多小气孔，当外界的声波传入这些小气孔时，便要在气孔内发生反射. 由于气孔往往是内部大而口径小，所以仅有少部分声波的能量能通过口径反射回来，而其余大部分的能量则被小孔吸收了，从而导致自然界声音的大部分能量被这厚厚的一层雪吸收，故出现了万籁俱寂的现象. 而雪被人踩过后，原本新鲜蓬松的雪就会被压实，从而减小了对声波能量的吸收，所以自然界便又恢复了往日的喧嚣.

知识拓展　刚下的雪(初雪)与下雪后经过很长时间的雪(陈旧的雪)最大的区别

是：前者是蓬松的，雪中夹杂着大量的气孔，人踩在上面几乎听不到声音；而陈旧的雪，人踩在上面发出咔嚓咔嚓的声音，这时的雪中常还夹杂着部分雪融化后的水结成的冰. 在东北白雪皑皑的森林里，猎人通过雪地上留下的动物脚印的大小、深度等推测动物的大小、在此出现的时间等.

§1.1.44

热水瓶里听到的声音到底是哪里来的？

生活现象　大家是否有过这样的经历：耳朵靠近热水瓶能听到热水瓶里发出的声音？那么，热水瓶里听到的声音到底是哪里来的？

物理原理　热水瓶里听到的声音主要有两类：第一类，如果环境噪声比较大的话，听到的主要是环境噪声通过热水瓶壁传进热水瓶腔体内产生的噪声，前提是热水瓶是直接暴露在空气中的，没有外壳之类的东西包裹在外面；第二类就是耳部血管流动产生的内听效果(类似“内视”)，当热水瓶与外界隔绝比较好，或者外界十分安静时，热水瓶里听到的声音其实是血液流动产生的噪声经过瓶内腔这个共鸣箱放大后的声音. 由于血流和大海都有紊流噪声，所以很多人说听起来像大海的声音.

知识拓展　同样的道理，大家一定也有这样的体验，在从电梯外进入电梯，关电梯门，乘电梯上下楼时，由于电梯全部被置于一个相对封闭的空间内，这时如果电梯里没有其他人，只有自己一人，很明显能感觉到自己心跳的砰砰声以及呼吸的声音等. 这实际上是隔绝了外界噪声，在电梯间这个相对密闭的空间内自己的心跳声与呼吸声被放大后的声音.

§1.1.45

为什么电子琴能发出美妙动听的声音?

生活现象　在日常生活中，大家可能都听过电子琴演奏. 善于思考的同学一定想知道电子琴工作的原理是什么. 为什么电子琴能发出美妙动听的声音?

物理原理　这要从电子琴的构成与工作原理说起. 电子琴身上装有许多由晶体管、电阻、电容组成的电子振荡器，这些电子振荡器又被事先调整在不同的频率上，它们工作时产生的振荡信号，经过电子放大器的放大，就能在扬声器里放出音调不同的声音来. 通常乐器在发每一个音时，琴弦不只是简单地按固有频率振动(这种振动决定音调的高低，叫基音)，还包括很多谐波，它们的频率等于基音的整数倍，所发出的音叫泛音. 基音和泛音和谐地混在一起，才使音色丰满动听. 同时，电子琴发出的每一个音的电子振荡，也包含着基音频率和许多的泛音频率. 而且，电子琴的泛音可以做得比普通乐器更丰富，因此，它的音色也格外优美.

知识拓展　声音是由振动在介质中的传播产生的，振源产生振动，这种振动又引起周围的介质(如空气)振动，这种振动传到人的耳朵里，人便听到了声音. 好听的音乐一定是振源按照一定规律、旋律振动产生的. 至于谁是振源、发声体，如何产生美妙动听的旋律，人们可以充分发挥科学的想象力和研发创造力. 钢琴、风琴、电子琴等都是通过改变振源振动方式获得音乐功能的. 日常生活中，还可见有人将生活物品(如子弹壳、装水的啤酒瓶、大小不同的碟子等)有规律地摆放，敲击物品获得好听的声音.

§1.1.46

为什么打开水龙头放水时，水龙头会响？

生活现象 同学们可能会遇到这样的生活现象，即对于一切正常的水龙头，有时打开水龙头放水时，发现水龙头会发出类似振动的很响的声音. 这是为什么？

物理原理 这是物理学中关于振动的一个问题. 如果水管管道与水龙头等设备都正常，那一定是因为管道内有空气，当放水的时候，如同吹笛子一样，水、空气、管道发生了共振，产生很响的声音. 这跟水的流速有一定的关系，当把水龙头开到某一点时最响，如果把水龙头再开大一点儿或再调小一点儿，水龙头的共鸣声就会减小.

知识拓展 共振现象在自然界普遍存在，有些比较强烈的共振会导致物体损坏，有时候人们还要利用共振原理为人类造福. 声音的共振叫共鸣，通过共鸣可以使声音变响亮，例如，物理学中的音叉实验、乐器的共鸣箱等.

§1.1.47

声音是如何消失的？如果声音不扩散,那么另一方无论多远都听得到吗(有介质的情况下)？

生活现象　大家是否考虑过，声音是如何消失的？如果声音不扩散，那么另一方无论多远都听得到吗(有介质的情况下)？

物理原理　声音是由振动在介质中的传播产生的，它的消失主要可以考虑两个方面. 第一个方面是距离引起的强度变化，音量的大小和声源与听者的距离平方成反比. 可以将声波看成球面波的扩散，而任意球面上的能量是一样的，所以距离越远，声音扩散的球面越大，这个能量密度也就越稀疏，这也就是你不想考虑的声音扩散. 第二个方面是介质粒子的无规则运动引起的耗散. 声音可以看成许多粒子集体的规则运动，由于介质粒子之间的碰撞和相互作用，传播声音粒子的运动状态不断改变，那么这个规则的振动形式就会越来越微弱，最后就表现为声音听不见了. 这个就和摩擦使物体减速的道理是一样的，只不过大块物体是平动，这里是介质粒子集体的振动.

知识拓展　声音的消失可由于振源停止振动，也可由于声音传播途径中介质的阻碍衰减. 要保持声音的持续传播，应使声源持续振动的同时，给介质的规则振动增加能量，使振动传播得更远. 日常生活中的喇叭扩音器等，就是为了使声音的能量得到加强，以至于传播到很远的地方.

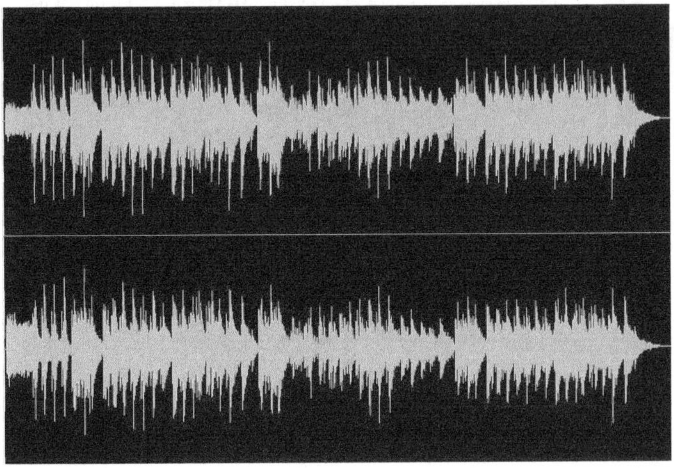

第二章　生活中的现象与电学

§1.2.1

为什么同样是两节电池的电池组，有的电池组必须安装两节电池才能工作，有的只需要放入一节电池就能工作？

生活现象　为什么同样是两节电池的电池组，有的电池组必须安装两节电池才能工作，有的只需要放入一节电池就能工作？

物理原理　电池组中两节电池的连接方式不同. 如果两节电池是串联的，那么只有两节电池同时接入电路中，电路才能流通；而如果两节电池是并联的，只接入一节电池就可以形成通路，也就可以工作了. 电池的串并联各有优点和缺点. 电池并联可以获得更多的电量和更大的电流，但是并联电池组会减弱电路负载能力，并缩短运行时间，而且电路短路会造成更大的破坏效果，这是因为短路时出现故障的电池会迅速地耗尽其他电池里的电量，并可能引起火灾. 电池串联可以获得更大的电压，但是一旦其中一节电池电能耗尽而断路就会阻断其他电池，也就是说，串联电池组的性能取决于电池组里性能最差的电池.

知识拓展　根据不同的电压或电流需要组装电池组，使电池通过串联、并联达到要求.

§1.2.2

智能手机屏的工作原理是什么？为什么用笔可以点击教室里的智能屏幕进行操作，而不能点击手机屏进行操作？

生活现象　现在的智能手机很普遍，但大家是否思考过这样的问题：智能手机屏的工作原理是什么？为什么用笔可以点击教室里的智能屏幕进行操作，而不能点击手机屏进行操作？

物理原理　手机触摸屏分为两种：电容式触摸屏和电阻式触摸屏，二者拥有不同的工作原理. 电容式触摸屏是一块四层复合玻璃屏，当用手指触摸电容屏时，由于人体电场，手指和工作面形成一个耦合电容，因为工作面上接有高频信号，于是手指吸收走一个很小的电流，这个电流分别从屏的四个角上的电极中流出，且理论上流经四个电极的电流与手指头到四角的距离成比例，控制器通过对四个电流比例的精密计算，得出位置. 电阻式触摸屏是一种传感器，它将矩形区域中触摸点(X,Y)的物理位置转换为代表X坐标和Y坐标的电压. 当触摸操作时，由感应器传出相应的电信号，经过转换电路送到处理器，通过运算转化为屏幕上的X、Y值，从而完成点选的动作，并呈现在屏幕上.

电阻式触摸屏(简称电阻屏)和电容式触摸屏(简称电容屏)有不同的特点，电阻屏对接触材质无要求，只要有压力即可工作，在使用触笔时，精度可以达到单个像素，制作成本低，不能实现多点触摸，屏幕较软，容易产生刮痕，工作温度范围大，对空气湿度无要求，在阳光下的可视性差. 而电容屏对接触材质有要求，非生命体、指甲、普通手套无效，其理论精度可以达到几个像素，但实际上会受手指接触面积的限制，以至于用户难以精确点击小于$1cm^2$的目标，手写识别较为困难，制作成本比电阻屏高，不同厂商的电容屏价格比电阻屏高10%～50%，可以实现多点触摸，外层坚硬，但有可能在严重冲击下碎裂，比较容易清洁，对工作湿度要求较高，至少需要5%的湿度.

当下智能手机屏多采用电容屏，操作性能较好，灵敏度高，而类似于智能黑板之类较大的触摸屏，考虑制作成本与是否容易损毁，则采用了电阻屏，所以用笔可以点击教室里的智能屏幕进行操作，而不能点击手机屏进行操作.

知识拓展　人们制造出越来越灵巧、使用越来越方便的电子产品，例如，智能手机的出现，将电脑、照相机等功能融于一体，给人们的生活带来了方便，生产厂家也获得了可观的经济效益.

§1.2.3

为什么静电复印机能把图画文字复印下来?

生活现象　在日常生活中，静电复印机很常见. 那么，它的原理是什么? 为什么静电复印机能把图画文字复印下来?

物理原理　现在，世界各国厂商生产的静电复印机都采用间接复印. 间接复印时，静电图像不直接在复印纸上形成，而是先在一种由硒光导材料构成的“硒鼓”上形成. 通过显影，墨粉吸附在静电图像上，再转印到复印纸上，成为图画文字的复印品. 使用普通的纸张也能复印，不需要像在直接复印法中那样必须对纸张进行带静电处理，因此十分方便. 采用间接复印法的静电复印机工作主要有三个步骤：照明和聚焦成像、静电显影、转印和定影.

当一张要复印的图像在复印机的稿台上时，在机内灯光照射下形成的反射光，通过由反射镜和透射镜组成的光学系统，聚焦成像，所形成的像正好落在光导硒鼓上. 光导硒鼓是一种圆鼓形结构的筒，表面覆有硒光导体薄膜. 光导体对光很敏感，没有光线时具有高电阻率，一遇光照，电阻率就急剧下降. 在充电极的作用下，光导体表面带有均匀的静电荷. 当由图像的反射光形成的光像落在光导体表面上时，由于反射光有强有弱(因为复印的图像有深有浅)，光导体的电阻率相应地发生变化，光导体表面的静电电荷也随光线强弱程度而消失或者部分消失，在光导体膜层上形成一个相应的静电图像，也称静电潜像. 人们看不到它，它好像潜藏在膜层里.

这时，一种与静电潜像上的电荷极性相反的显影墨粉，在电场力的吸引下，加到光导体表面. 潜像上吸附的墨粉量随潜像上电荷的多少而增减. 于是，在硒鼓的表面显现出有深浅层次的墨粉图像. 当复印纸与墨粉图像接触时，在电场力的作用下，吸附着墨粉的图像，好比用图章盖印一样，将墨粉转移到复印纸上，在复印纸上也形成了墨粉图像. 墨粉中所含树脂再在定影器中经加热融化，墨粉被牢固地黏结在纸上，图像和文字就在纸上复印出来了.

知识拓展　静电复印机是将光信号转换成电信号，然后通过电信号吸附墨粉后处理成型的. 在社会生活中，将一种能量转换成另一种形式的能量的装置也很普遍，例如，光电转换器、电光转换器、电声转换器、声电转换器、压电转换器、电压转换器等. 这些功能的实现都包含着大量的物理学知识与原理，是理论在科技中的实际应用.

§1.2.4

为什么用手搓塑料袋可以让塑料袋更容易打开?

生活现象　生活中你一定有这样的体验，当打开新的塑料袋时，我们习惯性地用手搓搓塑料袋口，可以让塑料袋更容易打开，为什么?

物理原理　用手搓塑料袋时会产生摩擦，由于摩擦起电，塑料袋之间会产生相同的电荷，同种电荷相排斥，所以塑料袋就容易打开了.

知识拓展　摩擦起电现象在生活中很常见. 空气干燥的时候，脱衣服会有“啪啪”的声音. 用干净的塑料梳子梳头发时，头发会随梳子飘起来. 利用身边的生活用品就可以体验摩擦起电，例如，塑料袋平铺在粉墙上，用手反复摩擦几下，塑料袋就能“吸”在墙上. 这是因为手摩擦塑料袋，使塑料袋产生了静电，静电作用使塑料袋吸在了墙上. 知道了这些道理，在生活中就可以预防摩擦起电造成的我们不希望发生的现象.

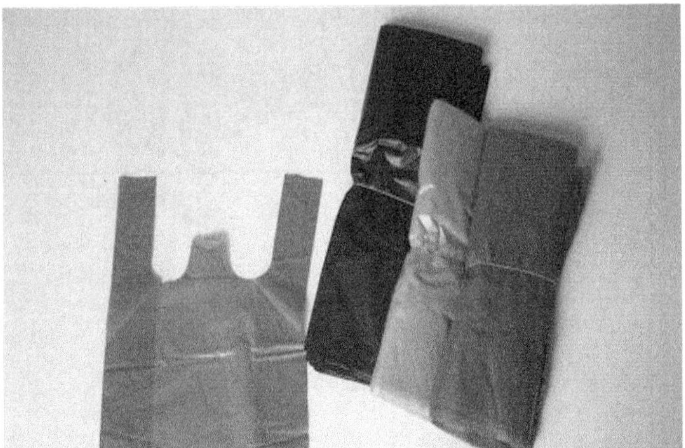

§1.2.5

为什么冬天越干燥静电越大？

生活现象　在干燥的冬季里，大家会遇到被“静电”击打的情况，而且还很常见. 冬天越干燥静电越大，这是为什么？

物理原理　大家知道，冬天静电多的主要原因是相对湿度低，因而摩擦产生的电荷无法通过潮湿的空气传导走. 一方面，相对湿度高时，增加了体表导电能力和空气导电能力，摩擦产生的电荷很容易被传导走，不容易积蓄出足以击穿空气的电压. 另一方面，物体表面因相对湿度大而增加水汽吸附时，摩擦不容易起电，就从另一个角度(根本上)减少了静电现象的产生. 而人体电容值低，人体和附近导体间容易产生高电压和高电场强度，从而击穿空气. 冬天室内外的温差会进一步降低相对湿度，让静电现象更明显. 因此，干燥的冬天静电多，容易出现被静电击打的现象.

知识拓展　干燥的环境中容易产生静电的例子很多，而且现象非常明显. 例如，穿羽绒服走路时被静电击打；冬季在公交车上的橡胶干立柱上常有静电聚集，手抓扶立柱时常会被静电击打；用梳子快速反复梳理干燥的头发，会发现头发膨胀起来，而且会发出啪啪的声音等. 这些都是静电的例子.

§1.2.6

为什么闪电总是弯弯曲曲的？

生活现象　大家常常会看到，在暴风雨来临之时，天空会出现闪电，而且看到的闪电总是弯弯曲曲的. 如何解释这种现象？

物理原理　气象专家研究认为，强电流在穿越空空荡荡的天空之际，碰到的阻力相当小，但每逢暴风雨来临之时，乌云滚滚，浓云中包含着大量的雨点. 雨点在运动中能获得额外的电子，而电子是带负电的. 根据异号电荷相吸的原理，这些多余的电子会追寻地面上的正电荷. 无数的雨点流出云层后，它所携带的电子会不断碰撞别的电子，使之变成游离电子，因而产生传导性的轨迹. 由于空气中散布着大量不规则形状的带电粒子群，与地球产生电荷引力而导向地球过程中会对空气电离形成通路. 电离过程中，会寻找最薄弱处，而最薄弱处是随机的，并不会是一条固定的直线，于是，负电荷在到达地面与正电荷接触之前，闪电的轨迹总是蜿蜒曲折的.

知识拓展　由于闪电被引向地球，因此，下雨闪电时不要到大树下躲雨，以防被闪电击伤. 另外，关于天空闪电，人们经常还会想起"闪电打雷"这个词，它用来描述暴风雨来临时的雷电景象，也常常通过这种现象让大家分辨是先看到闪电还是先听到雷声，以此来证明光比声音在空中传播的速度快. 联想起学校开运动会时，短跑起点的发令枪响以后，终点的计时裁判员既要看枪发出的蓝色烟雾，还需听枪的声音，而且看烟雾比听声音计时更准确.

§1.2.7

电流的速度是多少？

生活现象　日常生活中，大家都有开灯、关灯的经验，一旦开关接通，灯泡立即就亮起来，断开开关，灯泡立即熄灭，无论灯泡与开关距离有多远. 大家由此会得出结论：电流的速度非常快. 那么，电流的速度到底是多少？

物理原理　电流是以电场的方式传递的，电场建立的速度就是光速. 然而，导线中电子的速度确实是很慢的. “电”的传播过程是这样的：电路接通以前，金属导线中虽然各处都有自由电子，但是导线内并无电场，整个导线处于静电平衡状态，自由电子只做无规则的运动而没有定向运动，此时导线中没有电流. 一旦电路接通，电场就会把场源变化的信息以大约光速的速度传播出去，使电路各处的导线中迅速建立起电场，电场推动自由电子做漂移运动，形成电流.

知识拓展　电场建立的速度与电子在电场作用下的漂移运动速度不一样. 电场建立的速度就是电流的速度，即光速，也是电磁波的传播速度. 由于光的速度极高，许多判断以光信号作为参考. 例如，在田径赛场，以起跑线处的发令枪发出的蓝色烟雾作为开始的信号，而不是将枪声作为开始的信号，这主要是由于光波比声波传播速度快得多.

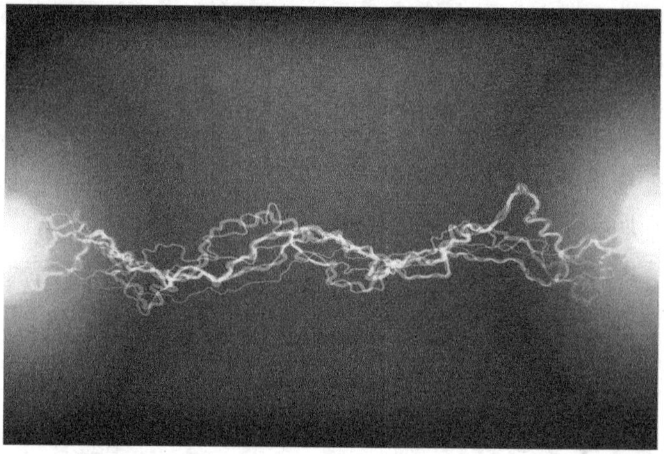

第三章　生活中的现象与磁学

§1.3.1

WiFi 是如何工作的？

生活现象　WiFi 在现代人们日常生活中已必不可少，走到哪里都要问一下，这里有 WiFi 吗？那么 WiFi 是如何工作的？

物理原理　WiFi 是通过电磁波工作的，电磁波是由同相振荡且互相垂直的电场与磁场在空间中以波的形式传播的，其垂直于电场与磁场构成的平面有效地传递能量和动量. 电磁辐射可以按照频率分类，从低频率到高频率，包括有无线电波、微波、红外线、可见光、紫外线、X 射线和伽马射线等. 人眼可接收到的电磁辐射，波长在 380～780nm，称为可见光. 只要是本身温度大于绝对零度的物体，都可以发射电磁辐射，而世界上并不存在温度等于或低于绝对零度的物体. WiFi在 2.4GHz 频段工作，属于微波(微波是指频率为 300MHz～300GHz 的电磁波). 加密算法不在电磁波本身，如果我们要发射一个经过加密的 WiFi 信号，首先要把信号通过加密算法 A 进行加密，然后再通过一种特别的算法 B 加载到基频上面. 算法 A 就负责加密解密，而所有经过这种特别的算法 B 加载的信号都叫作 WiFi 信号(无论加密与否). 算法 B 还有其他的类型，而信号也能加载到不同频率的基频上去，最简单的例子就是调频收音机.

知识拓展　蓝牙、WiFi、手机信号、收音机信号等都是通过电磁波工作的. 电磁波传递信息，人肉眼看不见，但能被设备接收.

§1.3.2

微波炉是如何加热食物的？

生活现象 现如今，微波炉已走入千家万户，操作方便、耗时短是它的优势，但近年来微波炉致癌、对人体有害等观点也层出不穷，那么微波炉究竟是如何工作的呢？

物理原理 1946 年，斯潘瑟还是美国雷声公司的研究员. 一个偶然的机会，他发现微波使糖果融化了. 事实证明，微波辐射能引起食物内部的分子振动，从而产生热量. 1947 年，第一台微波炉问世. 顾名思义，微波炉就是用微波来煮饭烧菜的. 微波是一种电磁波，这种电磁波的能量不仅比通常的无线电波高得多，而且还很有“个性”. 微波一碰到金属就发生反射，金属根本没有办法吸收或传导它；微波可以穿过玻璃、陶瓷、塑料等绝缘材料，但不会消耗能量；而对于含有水分的食物，微波不但不能透过，而且其能量会被食物吸收. 微波炉正是利用微波的这些特性制作的. 微波炉的外壳是用不锈钢等金属材料制成的，可以阻挡微波从炉内逃出，以免影响人们的身体健康. 装食物的容器则是用绝缘材料制成的. 微波炉的心脏是磁控管. 这个叫磁控管的电子管是个微波发生器，它能产生振动频率为 24.5 亿次每秒的微波. 这种肉眼看不见的微波能穿透食物达 5cm 深，并使食物中的水分子也随之运动，剧烈的运动产生了大量的热能，于是食物就“煮”熟了. 这就是微波炉加热的原理. 用普通炉灶煮食物时，热量总是从食物外部逐渐进入食物内部，而用微波炉烹饪，热量则是直接深入食物内部，所以烹饪速度比其他炉灶快 4～10 倍，热效率高达 80%以上. 目前，其他各种炉灶的热效率无法与微波炉相比.

知识拓展 微波不会致癌，也不会让食物产生致癌物质，甚至它还有助于避免致癌物的产生. 对于微波炉来说，只要是合格产品，使用中没有损坏，就不会泄漏出能够伤害人体的微波来. 微波是一种电磁波，跟收音机、电报所用的电波，以及可见光本质上是一样的，只是频率不同. 微波的频率比电波高，比可见光低. 电波和可见光不会致癌，介于它们之间的微波也不会致癌.

§1.3.3

为什么下雨天电视机接收的图像较清晰?

生活现象 在使用闭路电视之前大家通常使用天线接收电视信号. 细心的同学会发现，下雨天的电视信号比较清晰，那么，为什么下雨天电视机接收的图像较清晰?

物理原理 电视图像不清晰的原因多种多样，其中重影是一个很重要的原因. 重影是由反射波造成的. 从电视台发送出来的无线电波，叫直射波，遇到高楼大厦时会从高楼的墙面上反射，形成反射波. 反射波和直射波都会被电视机“照单全收”. 直射波在荧屏上显示出正常图像，而反射波在图像旁边形成讨厌的重影.

一般说来，要是墙面不产生反射波，荧屏上也就不大会出现重影. 下雨天建筑物的墙面都是湿漉漉的，因为水是导体，所以湿漉漉的墙面导电性能变好了. 这时，射到墙面上的无线电波仿佛有了一条通路，很容易通过潮湿的墙面而传导流入大地，就像被墙面“吸收”掉了似的，很少出现反射. 这样，反射波大为减少，荧屏上的重影变得极其微弱，图像自然就比较清晰了. 另外，下雨天，天空中充满着雨滴. 车辆和工厂内的用电器具产生的电火花也会被雨水吸收，变得很微弱，它们对正常的电视图像的干扰也大大减弱，这也是电视图像变得比较清晰的一个原因. 不过，要是遇到狂风呼啸、大雨倾盆的天气，也许电视图像会变得很糟. 这是因为在暴风骤雨中，高耸入云的电视台发射天线会发生一定幅度的摇晃. 如果电视机使用的是室外天线，也会发生摇晃，这样就会影响电视机正常接收信号. 要是再伴有电闪雷鸣，闪电形成强大的电磁波就会长驱直入，干扰电视机，破坏荧屏上的图像.

知识拓展 在空中传播的电磁波信号容易受到周围环境的影响(例如，建筑物、其他电磁信号源)，有的使信号不清晰，有的可能屏蔽了电磁波(例如，有些地下车库). 为了不使某些重要的信息受到干扰而能到达用户接收端，人们就使用了诸如闭路电视信号的接收方式，它不受外界的影响. 在某些重要的场合，为了防止失密，人们使用专线光缆进行通信等.

§1.3.4

一些手机品牌推出了无线充电的手机，这种手机的充电原理是什么？

生活现象　从手机问世以来，我们都习惯了将充电器插在插座上，对手机进行充电，对于无线充电概念表示否定，甚至认为这根本就是幻想，现在这种幻想已然成为现实. 无线充电原理是什么？

物理原理　无线充电原理是通过近场感应，由无线充电设备将能量传导到充电终端设备，终端设备再将接收到的能量转化为电能存储在设备的电池中. 能量的传导采用的原理是电感耦合，可以保证无外露的导电接口，按照无线充电原理以及实现方式，手机无线充电可分为三种：电磁感应、电磁共振、无线电波. 最为常见的手机无线充电解决方案就是采用电磁感应，电磁感应技术就是法拉第磁生电技术，充电底座以及手机终端分别内置了线圈，二者靠近以后，发射线圈通过一定频率的交流电，由于电磁感应，在手机接收线圈中产生一定的电流，从而将电能从发射端转移到接收端，充电座便开始向手机供电. 目前该技术被广泛运用到了手机无线充电领域. 但是，这种方式的无线充电技术也存在比较明显的弊端，比如传输距离短、位置要求严格. 现阶段上市的无线充电手机，都需要手机与充电板接触才能进行无线充电，而且对放置位置有着极为苛刻的要求. 为提高充电效率，需要使线圈之间的位置对齐，不产生偏移.

知识拓展　无线充电设备可以保证无外露的导电接口，不仅可以省去设备间杂乱的传输线，而且对于诸如电动牙刷等经常与液体等导电介质接触的电子设备更加安全.

§1.3.5

手机每天是怎么计算我们走路的步数的？

生活现象　人们现在非常注意个人的身体锻炼，走路是一种常用、方便的锻炼方法，为了达到每天设定的走路运动量，人们常常用手机计算自己每天所走的步数. 那么，手机每天是怎么计算我们走路的步数的？

物理原理　现在的智能手机普遍配备了加速度计、陀螺仪、指南针等传感器，这些传感器在手机发生移动的时候会收集数据，并传给手机上的操作系统进行分析. 手机里的加速度计是一个不断振动的微机械摆件，通过测量外界加速度对振动的影响来测量手机的加速度. 手机的操作系统收到这些数据之后，会使用算法对传感器的数据进行识别，比如，人在走路或者跑步的时候，加速度计会测到一定范围内的周期信号，因为手机不是固定的，所以会有很多其他的移动造成的噪声. 通过滤波算法去掉那些噪声之后，通过分析信号的振幅和频率，会把一秒几次的信号当成走路的信号，然后来计算所走的步数.

知识拓展　智能手机的功能非常强大，除了作为手机最基本的功能外，已成为一个智能电脑，对人的各项工作进行数据收集存储、分析处理，并得出结论，为人们的科学、合理决策奠定基础.

§1.3.6

磁疗真的有用吗？

生活现象　继保健品之后，保健医疗器材也层出不穷，磁疗保健进入市场，这真的有用吗？

物理原理　磁性是物质的属性之一，人体也具有一定的磁性. 现已发现人脑、心脏、皮肤和其他器官的电流活动都有磁场产生，甚至连头发上的毛囊也产生磁场. 近年来，由于现代磁学和生物学的发展，出现了生物磁学这门边缘学科，现已获知磁性物质和磁场对生物学的生理机能都有一定的作用和影响，这种作用和影响叫生物的磁效应. 这种效应是由物体内部微观结构的电子运动构成生物组织的物质磁性决定的. 科学实验已证实，磁性物质和磁场对生物的分子、细胞、神经、器官及整体的各个层次均显示不同的影响. 磁疗就是利用人体内部的这种生物磁效应来调整和恢复人体内各种不平衡或不正常的机能状态来达到治疗的目的.

知识拓展 专家表示，颈椎病、腰椎间盘突出、腰椎管狭窄等患者，需到医院进行具体的检查和治疗，光是自己在家里做磁疗肯定是不行的. “早期的颈椎病可以试试，而且也只是治标不治本. 至于‘磁疗能够包治百病、不用吃药’的说法肯定是不科学的. 因为轻信商家宣传‘使用磁疗不需要吃药’而延误病情，后果十分严重，并且患者在使用磁疗设备时也不可随意操作. ”

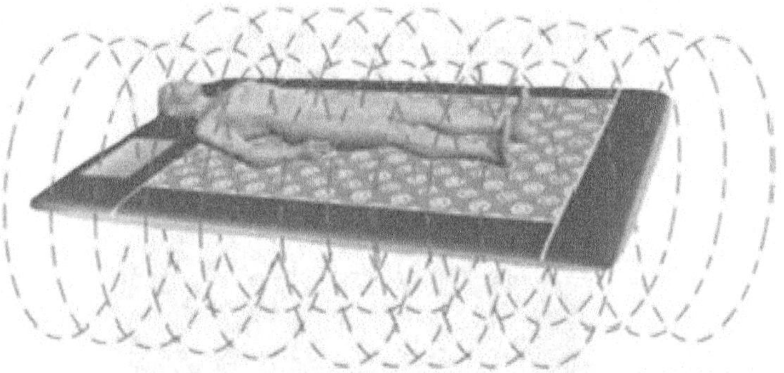

§1.3.7

“飞鸽传书”是真的吗?

生活现象 古装剧中总会用“飞鸽传书”的方式来传递书信，这种方法真的可以吗?

物理原理 在经过数十年的调查研究后，科学家证实了鸽子的上喙确实具有一种能够感应磁场的晶胞，正是这种器官为鸽子的飞行导航. 鸽子具有磁性感知能力，就像简易的磁性罗盘，是利用地球磁场进行导航的. 有大量证据表明，鸟类可以依据这种地磁路标作为自己的导航系统. 鸟类可能是通过眼部视网膜内的色素感知地球磁场的强度和方向的. 此外，在上喙处结晶状的类似磁铁矿的组织，也可以感应到地球磁场.

知识拓展 北极燕鸥、英国马恩岛海鸥、美国佛罗里达幼海龟等都可以穿过千山万水找到回家的路.

§1.3.8

在不认识的地方打开手机导航就可以知道该如何到达目的地，手机是如何分辨出方向的呢？

生活现象　打开手机导航软件，当你旋转手机时就会发现指路的箭头也会随之旋转，手机也可以当做指南针来使用.

物理原理　这是因为手机里有磁场传感器，它利用磁阻来测量平面磁场，从而检测出磁感应强度以及方向位置，一般用在常见的指南针或地图导航中，帮助手机用户实现准确定位. 通过磁场传感器，可以获得手机在 X、Y、Z 三个方向上的磁感应强度，当你旋转手机，直到只有一个方向上的值不为零时，你的手机就指向了正南方. 很多手机上的指南针应用都是利用了这个传感器的数据. 同时，可以根据三个方向上磁感应强度的不同，计算出手机在三维空间中的具体朝向.

知识拓展　微弱的磁场变化会导致各向异性磁致电阻材料的电阻产生变化，所以手机要旋转或晃动几下才能准确指示方向. 该原理常应用于指南针、地图导航、金属探测器等应用程序(APP).

§1.3.9

商场里的自动感应门是如何工作的?

生活现象　现在很多商场安装的都是自动感应门，这些自动感应门是如何工作的?

物理原理　安装在商场门上方的感应器探测到有人要进入时，将脉冲信号传给主控器，主控器判断后通知马达运行，同时监控马达转数，感应器通过芯片通知马达在一定时候加力和进入慢行运行. 马达得到一定运行电流后做正向运行，将动力传给同步带，再由同步带将动力传给家具系统，使门扇开启；门扇开启后由控制器做出判断，如需关门，通知马达做反向运动，关闭门扇. 如此循环. 这是通过光机电一体化实现自动开关门的例子.

知识拓展　随着科技的发展，人们生活中不仅有了感应灯，还有了感应门，大家在大的酒店、写字楼、银行等场所都可以见到，当有人走近感应门的时候门就会自动打开.

§1.3.10

安检门是如何工作的?

生活现象　在进入地铁站、火车站、飞机场的时候都要走过安检门，那么安检门是如何工作的呢?

物理原理　安检门还有个名字叫通过式金属探测门，主要是用来探测通过人员身上所携带的金属的，对于非金属物体起不到探测效果. 其具体原理是：安检门有两块相对的探测门板，在其内部绕制有探测线圈，探测线圈又分为发射线圈和接收线圈；当安检门工作时，发射线圈发射频率为 7000～8000Hz 的交变磁场，接收线圈接收到初始大小约 20mV 的感应电势；有金属物体通过安检门时，金属物体会切割探测门板间的磁感线，引起接收线圈接收到的感应电势发生变化，变化信号经过放大电路处理，形成报警信号. 理论上安检门是什么金属都可以探测的，不管是铁磁性的(铁、钴、镍)，还是非铁磁性的，只要是导电的金属，都可以探测. 因为只要是导电的金属，在交变磁场中就可以产生涡流现象，进而使接收线圈的感应电势发生变化. 铁磁性导体在磁场中会把周围磁路聚合到铁磁性导体中，而非铁磁性导体没有这个特性，所以交变磁场中，铁磁性导体内的磁通量变化更快，导体内部感应电流也更快，更容易引起接收线圈感应电势的变化，因此安检门对铁磁性导体反应敏感，而对非铁磁性导体反应微弱. 对于类似铜、奥氏体不锈钢这类非铁磁性导体，因为其不具有聚合磁路的特性，想要增加它们在交变磁场中的涡流效应，唯一的办法是增加其垂直于磁场的面积，这样同样能使磁通量的变化量增大. 漆包线垂直于磁力线的面积很小，最难于探测.

知识拓展　金属探测安检门主要应用在机场、车站、大型会场等人流较大的公共场所，用来检查人身体上隐藏的金属物品，如枪支、管制刀具等. 市场上少数高档安检门可以做到当被检查人员从安检门通过时，人身体上所携带的金属如果超过基于重量、数量或形状预先设定好的参数值，安检门就会即刻报警，并显示造成报警的金属所在区位，让安检人员及时发现该人所随身携带的金属物品. 大部分工厂专用安检门仅辨别是否携带金属物品，定位并报警，防止产品被违规带出工厂. 性能最好的安检门可以检测到回形针大小的物品.

§1.3.11

节能灯关了之后为什么还能看到轻微的光?

生活现象　细心的同学会发现，节能灯关了之后还能看到轻微的光，为什么?

物理原理　节能灯是个相对的概念，在生活中一般指的是用电子镇流器的日光灯. 它的发光原理为：灯管两极加电压后，由于启辉器中双金属片闭合后又断开使镇流器两端产生很大的自感电动势，与电源电压叠加后作用于灯管两端. 灯丝受热时发射出来的大量电子，在灯管两端高电压作用下，以极大的速度由低电势端向高电势端运动. 在加速运动的过程中，电子碰撞管内的氩气分子，使之迅速电离. 氩气电离生热，热量使水银产生蒸气，随之水银蒸气也被电离，并发出强烈的紫外线. 在紫外线的激发下，管壁内的荧光粉发出近乎白色的可见光. 由此可见，节能灯要想发光必须在管壁涂一定量的荧光粉. 当关灯后，灯管还有余热，依旧会激发荧光物质发光，所以会有轻微的光发出.

知识拓展　利用日光灯的工作原理，改变日光灯内壁不同种类的荧光粉，日光灯就会发出不同颜色的光，使夜晚呈现五彩斑斓的灯光美景，既达到节能，又达到美观的效果.

§1.3.12

极光的形成原理是什么?

生活现象　通常在学习光学的时候，会接触到一个名词——极光，那么，什么是极光? 极光形成的原理是什么?

物理原理　极光是地球周围的一种大规模的放电过程，来自太阳的带电粒子到达地球高磁纬地区附近，地球磁场迫使其中一部分集中到南北两极. 当它们进入极地的高层大气时，与大气中的原子和分子碰撞并激发，产生光芒，形成极光.

知识拓展　带电粒子在磁场作用下可以运动，运动的带电粒子与带电粒子碰撞可以发生放电现象. 夏季雷电现象就是云朵之间摩擦产生的电荷通过大量聚集后发生的一种放电现象.

第四章　生活中的现象与光学

§1.4.1

为什么汽车驾驶室外面的观后镜是一个凸面镜?

生活现象　细心的同学会发现，汽车驾驶室外面的观后镜是一个凸面镜，这是为什么?

物理原理　反射面是球面的一部分的面镜叫作球面镜. 用球面外表面作反射面的面镜叫作凸面镜. 凸面镜对光线起发散作用. 射到凸面镜上的平行光线被反射后变得发散. 把反射光线反向延长后，它们将会聚于一点，这一点叫作凸面镜的焦点. 凸面镜的焦点不是反射光线的实际会聚点，是虚焦点. 凸面镜可以用来扩大观察范围. 对于口径相同的平面镜和凸面镜，观察者离镜面同样远时，从凸面镜观察到的范围要比平面镜大. 用一个口径不太大的凸面镜，就能观察到较大范围内的景象. 汽车驾驶室外面的观后镜是一个凸面镜，这是利用凸面镜对光线的发散作用和成正立、缩小虚像的特点，使看到的实物缩小、观察范围扩大，从而保证行车安全. 因此，汽车观后镜是凸面镜，而不是平面镜或凹面镜.

知识拓展　凸面镜对光线具有发散作用和成正立、缩小虚像的特点，使看到的实物缩小、观察范围扩大. 利用这个特点，将凸面镜制作成口径比较大的玻璃球面镜，安放在道路的交叉路口，从而保证行车安全，其原理与汽车驾驶室外的观后镜一样.

§1.4.2

为什么通过小孔看东西会特别清晰？近视眼正常看不到的，通过小孔却能看到？

生活现象　大家是否有这样的体验，通过小孔看东西会特别清晰，近视眼正常看不到的，通过小孔却能看到？这是为什么？

物理原理　我们先来回顾一下人的眼睛看东西的原理. 晶状体利用凸透镜成像原理，将物体成像到视网膜，视网膜将感受到的光信号传入大脑. 近视眼的成像在视网膜前，当光线到了视网膜的时候就已经发散开了，因此看到的轮廓比较模糊不清. 这时你可以想象，如果把光路压缩到只在晶状体中心附近，这样会聚光线的张角就很小，同样成像在视网膜前的位置，但光线到了视网膜时已经不会那么发散了，这样看到的像也就不那么模糊了. 即便是正常眼睛，看东西时成像位置也不会丝毫不差地落在视网膜上，而是偏差一点儿，因此光路压缩之后也会有更清楚的效果. 当然，小孔也不能无限小，至少要有足够的光线让视网膜感知. 另外，小孔太小出现衍射光斑的话就更看不清了.

知识拓展　对近视眼而言，一个点在视网膜上成像，会变成一个光斑，将小孔放在眼前相当于缩小了入射光线的范围，所以光斑会变小，也就是感觉清晰了. 作为这一原理的应用，小孔眼镜具有调节矫正各种不良视力的功能. 例如，佩戴小孔眼镜能矫正因屈光不正及调节异常引起的各种视力不良，能缓解眼的调节系统的疲劳、紧张、痉挛.

§1.4.3

为什么相较于白天来说，夜晚透过玻璃从室内看室外会更加清晰地看到自己的像？

生活现象　仔细观察的同学是否注意到，相较于白天来说，夜晚透过玻璃从室内看室外会更加清晰地看到自己的像？为什么？

物理原理　首先，我们能看到自己的像或是景色都是因为有光反射进入我们的眼睛. 玻璃是透明的特殊物质，光不仅可以在玻璃上反射，还有更多的部分是透射过玻璃的. 我们看到窗外的景色是因为景物反射太阳的光，再透射过玻璃后进入我们的眼睛. 当我们站在玻璃前看景色时，自身反射的太阳光也会在玻璃表面反射后进入眼睛，从而我们能看到自己. 一般来说，不管是夜晚还是白天，光在玻璃上的透射和反射概率是一样的，也就是说，我们自己的像通过玻璃反射进入眼睛的概率相同. 但是，在夜晚窗外的光线暗淡，进入室内的光线大大减少，景色就很难看见. 此时，我们自己所反射的室内光再经过玻璃窗反射进入眼睛的相对要比白天强一些，所以我们在夜晚会更加清晰地看到自己的像.

知识拓展　关于某些内外光线强弱不同导致内外成像清晰度不同的现象很常见，人们常常会利用这些原理进行设计，为人类服务. 例如，小汽车的玻璃窗贴膜后，里面的人可看见外面的景物和人，但外面的人却看不见车内的人和情况，这就达到了对车内隐私保护的效果. 还有，当白天尤其是太阳直接照射到小汽车的驾驶室时，若遇到红灯路口停车，而后边紧跟着另外一辆小汽车也在停车等待绿灯信号，前边小汽车的驾驶员很容易通过后视镜看到后边小汽车的驾驶员的脸部表情，但后边小汽车的驾驶员却看不到前边小汽车的驾驶员，其原因就是两个驾驶员看到对方的亮暗程度差别较大，一个是暗处看亮处，另一个是亮处看暗处.

§1.4.4

一面是镜子，另一面是玻璃的东西叫什么？原理是什么？

生活现象　生活中，人们有时会发现一面是镜子，另一面是玻璃的东西，这种装置叫什么？原理是什么？

物理原理　这种东西是单向玻璃. 一般来说，它是在玻璃面上镀有很薄的银膜或铝膜. 光线是可逆的. 也就是说，光线可从 A 点照射到 B 点，也能从 B 点射到 A 点. 那为什么有单向玻璃呢？这个秘密就在于玻璃面上涂有很薄的银膜或铝膜. 这样的玻璃并非反射所有的入射光，而是能让部分入射光通过. 单向玻璃之所以会单边看得见，全依照光的强度而定. 站在亮的这边看镜面背后的话，好像普通的镜子一样. 相反，站在暗的那边，由于强光从亮的一边透过薄薄的银膜射进来，而自身所发出的微弱的反射光就看不见了. 单向玻璃仍满足光的可逆性，只是单向看得见而已.

知识拓展　在有些学校的教学观察室的墙上安装有单向玻璃. 教学观察室与学生上课的教室一墙之隔，在墙上开通窗口，窗口上安装单向玻璃，这样，光亮的教室内的一切教学活动可被光线较暗的观察室内的人看见，而观察室的人不会被教室的师生发现，达到了观察教学并不影响教学的效果.

§1.4.5

红外监控的夜视仪为何能拍摄到夜晚的东西？

生活现象　红外监控的夜视仪能拍摄到夜晚的东西，其利用的原理是什么？

物理原理 想要知道红外监控设备的夜视功能，首先要知道在白天监控设备能拍摄到物体是由于物体反射太阳光进入监控设备中. 但是黑天的时候几乎没有太阳光，监控设备是如何工作的呢？红外监控设备采用红外发射装置，将红外线投射到物体上，红外线经物体反射后进入镜头进行成像. 由于红外线是不可见光，我们的肉眼无法看到物体反射的红外线，也就无法看到物体. 而监控设备的镜头可以接收红外线，因此可拍摄到黑暗环境下肉眼看不到的画面.

知识拓展 人眼通过可见光的反射成像等可看到拍摄的照片，肉眼看不见的物体可以通过红外线等可见光范围之外的光做光源进行成像拍照. 例如，利用红外相机在夜晚拍摄森林中动物(如老虎)的照片.

§1.4.6

为什么有的镜子照出的人比较高挑，有的镜子照出的人比较臃肿？

生活现象 平面镜对人成像总是大小相等的，但如果镜子的表面不平整，形成的人像会变形. 有的镜子照出的人比较高挑，有的镜子照出的人比较臃肿，这是为什么？

物理原理 这样的镜子叫作哈哈镜. 哈哈镜是在游乐场及商场常见的一种娱乐设施，即表面凹凸不平的镜面反映人及物件的扭曲面貌，令人发笑，故名叫哈哈镜. 哈哈镜的原理是曲面镜引起的不规则光线反射与聚焦，形成散乱的影像. 镜面扭曲的情况不同，成像的效果也会相异. 常见的变换效果有高、矮、胖、瘦四种效果，镜面材质有金属、玻璃等. 平面镜能够真实地反映照镜子的人的外表；那种在上下方向有凹曲的镜子，视觉上会有纵向拉伸的效果，用作全身镜就会使镜子中的人变得高挑；那种凸面镜，视觉上就会有横向拉伸的感觉，会使得镜子中的人比较臃肿.

知识拓展 如果用镜子成像来了解自己的真实外表信息，则镜子的表面一定要十分平整. 日常生活中大家会发现，有些单位院子里的小十字路口处放置凸面镜以获得最大范围的视野.

§1.4.7

为什么白炽灯发淡黄色的光，日光灯发白光?

生活现象　生活中常常看到白炽灯发淡黄色的光,而日光灯却发白光,为什么?

物理原理　白炽灯是通过将电能转化为光能以提供照明的设备. 白炽灯的灯丝是钨丝，灯泡内是真空的，白炽灯是用电流直接加热钨丝到高温而发光的，钨丝通电点亮后正常情况下是发白光，低功率的灯泡发出的光偏淡黄色. 其工作原理是：电流通过灯丝(钨丝，熔点达3000℃以上)时产生热量，螺旋状的灯丝不断将热量聚集，使得灯丝的温度达2000℃以上，灯丝处于白炽状态时，就像烧红了的铁能发光一样而发出光来. 灯丝的温度越高，发出的光就越亮. 之所以称作“白炽灯”，是因为钨丝加热到1700℃以上，会发出接近白色的强光(因炽热而发光). 但是家庭用电下为了保护灯，延长使用寿命，很少让其在最高温度状态下使用，所以一般发淡黄色的光.

日光灯是气体放电灯，管内含有水银蒸气，灯管内表面有荧光物质，通过高速电子激发出紫外线，灯管中的荧光粉受紫外线激发而发光. 发光颜色由荧光粉的特性决定，普通灯管发白光. 日光灯发什么颜色的光是由灯管里的荧光粉决定的，实际上日光灯是由灯管里的气体通电后发出的紫外线照射到灯管内壁的荧光粉上才向外发出白光，所以只要改变此类荧光粉的元素就有可能发其他颜色的光.

知识拓展　在白炽灯中，原子主要是通过加热来激发的，发光主要利用到了电流的热效应. 电流通过产生大量的热将钨丝加热到高温，从而使得钨原子核外电子发生跃迁，部分能量以光的形式释放. 生活中应用到电流热效应原理的例子有很多，比如电饭煲、电烙铁、电热毯等. 日光灯发光，主要是通过原子激发. 不同的荧光物质，激发的波长是不一样的，发出的光的颜色也就不一样. 日光灯的原理和验钞机的原理也是相似的.

§1.4.8

为什么给电视机屏幕拍照时会有黑条出现?

生活现象　有些同学有这样的体验，看到电视节目中有自己非常喜欢的画面，想用手机或照相机将电视机屏幕上的画面拍摄下来，但发现拍出的照片会有黑条出现，这是为什么?

物理原理　这主要是由电视机的成像原理造成的. 因为电视机是通过不停切换静态画面来达到动态效果的，由于其切换的间隔时间足够短，人眼是感觉不出来的；手机上的动态画面也遵循该原理，所以当手机摄像头显示出来的画面切换频率和电视机的画面切换频率不一致的时候，就会形成在手机上看到的明暗相间的闪动条纹.

电视机显示器的动态显示是利用了人眼的视觉暂留原理. 显示器通过许多条纹不断扫描从而达到动态效果. 其刷新频率一般为 50Hz 或 60Hz，而手机快门速度一般较快，当快门速度比刷新速度快的时候，就能捕捉到我们肉眼看不到的屏幕刷新过程，从而在照片中出现黑条. 要对显示器和电视屏幕画面拍照，一定要把快门速度选在 $\frac{1}{25}$ s 以下，只有这样，才不会出现黑线!

知识拓展　用相机拍摄电视屏幕的技巧——设置相机拍摄速度为 $\frac{1}{25}$ s. 理论上来说，电影胶片的放映速度是 24 帧/s，电视 PAL 制式放映速度是 25 帧/s，NTSC 制式放映速度是 30 帧/s. 以 NTSC 为例，$\frac{1}{10}$ s 是 3 帧，这是使用相机拍摄的最低速度，低于这个速度就容易抖动. 如果拍摄速度过快，以 $\frac{1}{100}$ s 为例，当然能有效避免抖动问题，但是这个速度就会只拍摄到 0.3 帧画面，这是一个不完整的画面，拍摄到了帧与帧之间的接缝，所以就出现了黑条和暗区. 把速度设置为与电视机的画面切换频率一致，就会达到较佳拍摄效果.

§1.4.9

为什么秋冬季节很多柏油路两边的大树下面要涂白？

生活现象　注意观察的同学会发现，秋冬季节很多柏油路两边的大树下面要涂白，这是为什么？

物理原理　首先，从物理学角度讲，树木在冬季，面向阳面的树干在白天受阳光照射，温度上升，树干表皮附近细胞解冻，而到了夜晚，树干表皮温度下降，树干附近细胞又重新冻结. 这样反复的一冻一化，就会造成树木皮部组织死亡，产生“日烧”崩裂现象. 有研究发现，将树干涂白后，能够使40%～70%的阳光被反射掉，使树干温度变化比较平稳，避免“昼消夜冻”现象，可有效减少冻害，防止“日烧”.

知识拓展　从生物学角度讲，涂白还可加速伤口愈合，防止病菌感染，并可以杀死寄生在树干上的一些越冬的真菌、虫卵、细菌和害虫，能有效地防止病虫害. 此外，整齐的涂刷效果也起到一定的美观作用. 树木涂白看起来整齐洁白又美化环境.

白色对光的反射作用较深色强，利用这个原理可减少对光的吸收以防止温度升高. 例如，一般人夏季都穿浅色或者白色的衣服，而冬季一般穿较深色的衣服，就是利用白色对光的反射作用强，深色对光的吸收作用强的原理.

§1.4.10

同样是由水分子构成的，为什么雪是白色的，而冰是透明的？

生活现象　同学们一定会有这样的疑问，为什么雪是白的，而雪融化成水再结冰后，冰又是透明的？

物理原理　一束光进入物体时，它会发生吸收、反射、散射等. 而物质之所以有不同的颜色，是因为它对不同频率的光选择性吸收，并将表现出来的颜色反射到人的眼睛中. 举个例子，绿植呈现出绿色是由于它不吸收绿色光(或者说吸收少)，并将绿色光反射回来，这反射回来的绿色光进入人眼就是人们看到的绿色的植物. 冰是透明的，在于它几乎不吸收可见光也不会把光反射回来，从而看起来就是透明的. 但是同样是由水分子构成的雪为什么是白色的呢？这是因为雪花是由各种随机取向的冰晶构成的，各种冰晶之间会存在晶界(界面)，白天太阳光在这些界面上就会发生散射，最终这些散射的光返回到人的眼睛中，因此人们看到的雪就是白色的.

知识拓展　事实上，若用力敲击一块透明的冰，也能看到白色的裂纹，如果将冰敲成碎末，看到的就是白色的冰渣子. 无色透明的玻璃，打碎研磨后形成玻璃碎末，看到的颜色也是白色. 这些都是光多次在界面反射，反射光返回到眼睛形成的颜色.

§1.4.11

为什么黑板由原来的黑色逐渐演变成了墨绿色？

生活现象　黑板，顾名思义，应该是黑色的板，但细心的同学是否发现许多学校教室的黑板颜色已经换成墨绿色了？这是为什么？

物理原理　这个原理既包含物理光学的知识，也包含人体生物学的知识. 写字笔迹与被写物(板)的颜色对比度大，人们才能看得清楚，所以过去的黑板多用白粉笔写字，颜色对比度很大，更容易看清楚. 但是黑色的黑板总给人一种压抑感，而墨绿色同黑色比较接近，同属重颜色，且绿色环保自然，更有助于学生们集中注意力，减缓用眼疲劳. 同时，青色和绿色对光线的吸收和反射都比较适中，所以人体的神经系统、大脑皮层和眼睛里的视网膜组织对其比较适应. 而且墨绿色接近于黑色，教师在上面写字的时候也能够更加清晰，常看不累，所以教学黑板就逐渐改为墨绿色了.

知识拓展　颜色的对比度搭配，既要鲜明、清晰，又要人眼看起来舒服、不易疲劳，这是选择颜色的基本原则. 这种情况在日常生活中应用十分普遍. 例如，制作 PPT 时对各种颜色的搭配、字体、字号等都有要求，影视剧中的背景颜色，照相时的布景颜色，人穿衣时上下身的颜色搭配等. 当然，随着社会的不断发展和生活水平的不断提高，人们对色彩的搭配追求越来越高.

§1.4.12

浴室、卫生间的窗户大多用毛玻璃，有什么作用？

生活现象　细心的人会注意到，浴室、卫生间的窗户大多用毛玻璃，为什么？

物理原理　毛玻璃又称磨砂玻璃，它与普通的透明玻璃不同，是将普通平板玻璃表面经机械磨砂、化学腐蚀等方法处理后形成的毛面玻璃. 光照射到玻璃表面上能发生折射现象. 如果光照射到普通平板玻璃上，折射光透过平板玻璃后能沿与原来入射光平行的方向继续前行，由折射形成的像与原物一样，具有比较清晰的边界. 但如果光照射到毛玻璃表面上，由于其表面粗糙，经过折射后的光线杂乱无章，很难形成物体清晰的像，因而它具有透光但不能透视的特点. 生活中，浴室、卫生间的窗户大多用的是毛玻璃，就是希望达到透光而不透视的效果. 光线通过物体发生折射，其结果在本质上与透光物体的折射率以及光线在透光物体内经过的路程(光程)有关. 毛玻璃的实质是改变了光线在其内部传播的光程.

知识拓展　要达到透光而不透视的效果，通常还有一种简单的做法，即给平面玻璃的另一表面贴上密度不均匀的透光纸膜. 其原理是这部分纸膜因结构不均匀，对光线的折射来说，是改变了透光物的折射率. 理论上也应该存在一种既改变透光物质折射率又改变透射光路程的物质，效果应该更好.

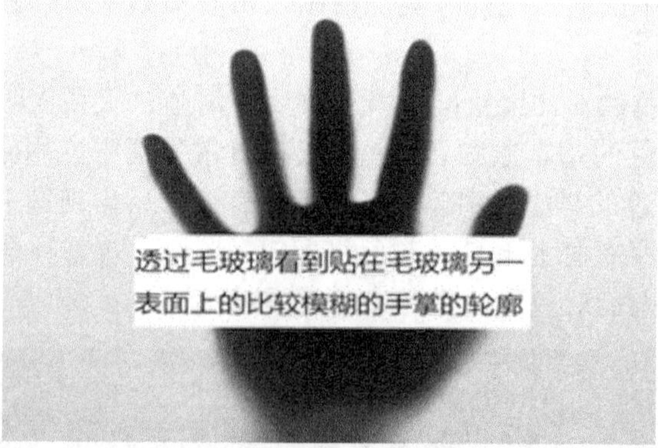
透过毛玻璃看到贴在毛玻璃另一表面上的比较模糊的手掌的轮廓

§1.4.13

为什么将无色的玻璃棒放在无色的液体里还能看见?

生活现象　为什么将无色的玻璃棒放在无色的液体里还能看见?

物理原理　当两种均匀透明介质的折射率不一样时，如果有光线射入介质中，部分角度入射的光线会发生全反射现象，反射的光最终进入人眼中，人眼就会看见反射介质. 同理，针对本现象，人眼就能看见无色液体中的玻璃棒. 但若两种不均匀介质放在一起，其折射率不一样，折射率也不均匀，入射光很难通过反射进入人眼，因此，人眼也就无法分辨出它们.

知识拓展　光在均匀、透明介质中沿直线传播，反过来，若光传播的路径不是直线，而是曲线，说明光通过了折射率不均匀的介质，进一步说明介质的不均匀性. 这种方法可以判断介质是否均匀. 例如，给烧杯中的凉水掺入一些开水，观察入射光线通过水时的变化情况.

§1.4.14

为什么浪花看起来是白色的，和海水的颜色不一样？

生活现象　注意观察的同学会发现，人们看到的海水的浪花与海水的颜色不一样，这是为什么？

物理原理　纯水是无色透明的，物理上可以描述为光线按一定规则透过水传播，其出射光线能反映出入射光线的信息. 由于海水中含有一定量的杂质离子以及蓝天的映射，其被人们看到的颜色为蓝色，也具有一定的透明度. 但为什么浪花却不是蓝色而呈现出白色呢？这是因为浪花并不是单纯的海水，其简单模型可以理解为海水和泡沫的混合物，而这些泡沫就是空气外包裹着一层水膜. 这样在浪花中就存在了海水与空气的复杂界面，光线在其中传播时被无规则反射、折射，最终射出的光线不再含有入射光线的信息，因此不再透明. 而这种无规则的反射、折射对各种颜色的光又是等概率的，其复合的效果与白光反射的结果一样，所以最终人们看到的浪花呈现出白色.

知识拓展　当光线照射到非透明的杂质或大量不规则界面时会发生反射、散射等现象. 通过这种现象也能反衬出光通过的路径上是否遇到了“杂质颗粒”或密度不均匀的物质. 例如，在电影院放电影时，抽烟的人吐出的烟圈遇到投影机投射的光后，立即被人们看见. 放焰火时，强光照射的路径容易被人们看到.

§1.4.15

仰望星空时，星星为什么不停地闪烁？

生活现象　同学们一定有这样的生活体验，晚上仰望星空时，星星会不停地闪烁，好像“眨眼”一般，这是为什么？

物理原理　我们知道，大气不是静止不动的，空气热了会上升，冷了又会下降，还有风在吹来吹去. 如果给空气中的分子上一层颜色，就能看到五彩缤纷的空气在上下翻腾. 星光在到达我们眼睛前，必须经过地球的好几层大气，大气是动荡不定的，各层大气的温度、密度又各不相同，这样，光线的折射程度也各不相同. 星光到达时，就会经过许多次折射，时而聚，时而散. 正是这几层动荡不定的大气挡在我们面前，使我们在看星星时，总觉得星星在闪烁，就像在眨眼睛一样. 原来，恒星会“眨眼”是由地球周围的大气抖动造成的.

因此，天上的星星的光线本身是不闪烁的，但是经过大气层时会因为大气的不均匀而产生不稳定的折射，所以看起来好像在闪烁一样，在太空中看就不闪烁了.

知识拓展　光线本来是直的，但经过某些不均匀介质时会发生折射，使其偏离原来的方向，如果被折射了的光线照射进人眼，则人眼看到的发出光线的物体的位置已经不是该物体真正所处的位置，有时物体的大小和形状也会发生变化. 日常生活中，所谓的“海市蜃楼”现象就是人眼看到的景象与实际景物的位置不符的一种特殊光学现象. 还有，在夏天晴朗天气的中午，在柏油马路上可以明显看到路面上扰动的空气对远处物体成像的影响，即导致物体成像变形.

§1.4.16

为什么在太空中看地球时的背景大部分是漆黑的？

生活现象　细心的同学可能会发现，电视上播放的视频或地球的照片中，四周看上去都是黑乎乎的，这是从地球以外的太空看地球的场景. 也就是说，在太空中看地球时，其背景大部分是漆黑的，这是为什么？

物理原理　大家知道，人能看到物体是因为物体本身发光或反射其他发光体的光，若这些发射的光或者反射来的光进入人眼，人眼便看到了物体. 地球周围的太空，除了部分星球外，没有灰尘等颗粒存在，所以就反射不了太阳等恒星发的光以及地球反射的其他光源的光，因而人眼接收不到来自太空的光，也就看不到地球周围的东西. 地球周围很稀的较亮的小点就是其他恒星发的光，所以在太空看地球时的背景大部分是漆黑的.

知识拓展　光线因散射而被看见的例子随处可见. 例如，晴朗干净的夜空，用手电筒向天空照射，往往看不到光束的行进路线，但是如果沿手电筒照射的方向上，有人吐一口烟圈，则立即看到了手电筒发出的光束，而且还可看到在光束行进的路线上，烟雾在翻滚. 这就是烟雾粉尘对光束散射的结果，散射光进入了人眼，人就看到了光束. 还有，水幕电影就是依靠水滴颗粒与光发生散射看到的图影.

§1.4.17

为什么冬天下雪之后的夜晚会很亮并且天空是红的？

生活现象　细心的同学会观察发现，冬天下雪之后的夜晚会很亮并且天空是红的，为什么？

物理原理　雪是白色的，通常到了晚上夜色降临，天空不再明亮，但许多雪花堆积在一起，就像许多小镜子一样，能对投射在其上的光形成漫反射. 这时，如果有月亮，它照射在大地上的光全部被雪反射回去，形成散射光，所以就会比平常亮了. 反射到天空的光散射开来就形成了红色，这部分光主要是灯光散射出的.

知识拓展　自然界的“银装素裹”“白雪皑皑”都属于对雪的描述，实际上体现了雪对光的散射.

§1.4.18

站在海边远远望去，可以看到海面广阔而湛蓝，那么，海水为什么会呈现出蓝色呢？

生活现象　远远望去，晴朗的天空下海水为什么会呈现出蓝色呢？

物理原理　海水呈现的颜色主要是由海水的光学性质，即海水对太阳光线的吸收、反射和散射造成的. 我们知道：太阳光是由红、橙、黄、绿、青、蓝、紫七色光复合而成，七色光波长长短不一，从红光到紫光，波长由长到短. 按照瑞利散射定律，其中波长较长的红光、橙光、黄光穿透能力比较强，容易穿过水体；而波长较短的蓝光、紫光穿透能力较弱，遇到纯净海水时，最易被散射和反射，又由于人们眼睛对紫光很不敏感，往往“视而不见”，而对蓝光比较敏感. 于是，人们所见到的海洋就呈现出一片蔚蓝色或深蓝色了，其实质是看到了海水对太阳光散射后留下的蓝色光.

如果将海水放在碗中，则海水和普通水一样，是无色透明的. 其实海水看上去也不全是蓝色的，而是有红、黄、白、黑等，五彩缤纷. 因为海水颜色除受到以上因素影响外，还会受到海水中的悬浮物质、海水的深度、云层等其他因素的影响.

知识拓展　“蔚蓝的大海”“蓝天白云”“海军走向深蓝”等词语，都是海水、天空等对太阳光散射的例证.

§1.4.19

为什么交通信号灯要设成红色、黄色、绿色?

生活现象　大家都有在十字路口等待绿灯的经历，对交通信号灯一定很熟悉，但大家是否思考过，为什么交通信号灯要设成红色、黄色、绿色?

物理原理　之所以采用这三种颜色，与人们的视觉结构和心理反应有关. 人的视网膜含有杆状感光细胞和三种锥状感光细胞，杆状感光细胞对黄光特别敏感，三种锥状感光细胞则分别对红光、绿光及蓝光最敏感. 由于这种视觉结构，人最容易分辨红色与绿色. 虽然黄色与蓝色也容易分辨，但因为眼球对蓝光敏感的感光细胞较少，所以分辨颜色还是以红、绿色为佳.

此外，在红、橙、黄、绿、青、蓝、紫 7 种颜色中，红、黄、绿三种颜色的光波长较长，穿透周围介质的能力较强. 因此，即使在大雾天气，人们也能够看到信号灯. 另外，从瑞利散射定律可知，波长越短的光越容易被散射，绿光的波长比红光的波长要短，所以绿光比红光容易被散射，而红光相对表现出较强的穿透能力，这也是用红色来做限制通行的信号灯的主要原因.

知识拓展　红、黄、绿这三种颜色在某些功能的场合应用也比较广泛，之所以使用这三色，原因与上述相同. 例如，足球比赛场地都是绿茵场地，而主裁判出示的犯规牌子都是红牌和黄牌.

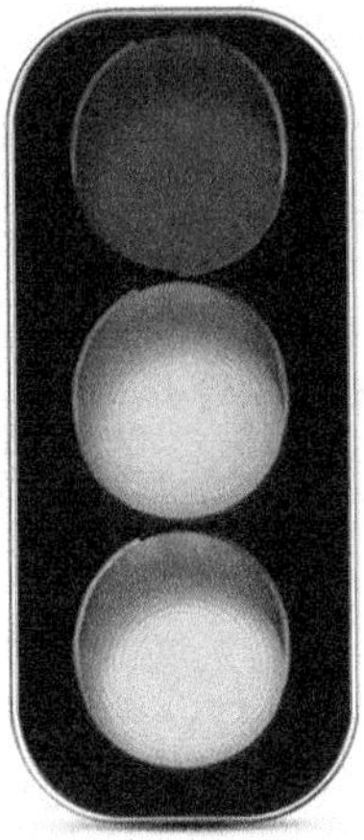

§1.4.20

为什么阳光照射时，我们才能感觉到灰尘特别多?

生活现象　大家是否有这样的体验，一个空间看上去空气比较干净，但如果有阳光照射，我们就能感觉到这个空间其实灰尘特别多，这是为什么?

物理原理 大家知道，空气中飘浮着少量的灰尘，其颗粒大小有的在 1～100nm 的尺度上，通常我们的肉眼是看不到它们的，所以感觉空气很干净. 但当有阳光突然入射到这个空间时，立即会发生廷德尔效应(Tyndall effect)，这种效应让空气从看不见变成在空间中光芒四射的感觉，给人造成一种灰尘增多的假象.

所谓廷德尔效应，是指当一束光线透过胶体时，从垂直入射光的方向可以观察到胶体里出现的一条光亮的“通路”，也叫廷德尔现象. 产生这种现象的机理如下：在光的传播过程中，光线照射到粒子时，如果粒子大于入射光波长很多倍，则发生光的反射；如果粒子小于入射光波长，则发生光的散射，这时观察到的是环绕微粒而向其四周放射的光，称为散射光或乳光. 廷德尔效应就是光的散射现象或称乳光现象. 当可见光透过胶体或一定尺度的颗粒时，会产生明显的散射作用.

知识拓展 廷德尔效应就是粒子对光散射(光波偏离原来方向而发散传播)作用的结果，如黑夜中看到的探照灯的光束、晴天时天空中的蓝色，都是粒子对光的散射作用. 清晨，在茂密的树林中常可以看到从枝叶间透过的一道道光柱，这种自然界的现象也是廷德尔现象. 这是因为云、雾、烟尘也是胶体，只是这些胶体的分散剂是空气，分散质是微小的尘埃或液滴.

§1.4.21

为什么有时候在夜晚用手机拍摄路灯，会出现两条较粗的光芒？

生活现象 同学们是否有这样的体验，有时候在夜晚用手机拍摄路灯，会出现两条较粗的光芒？这是为什么？

物理原理 这种情况一般发生在一些比较特殊的条件下，例如，用手指或有条纹的衣服等有方向性的物体擦手机镜头. 其原因如下：首先，照相机的一般原理类似于小孔成像，将远处的物体缩小，然后呈现在感光底片上. 对于数码相机来说，感光底片是一些光电传感器，其将光信号转化为电信号，然后再由电信号组合信息变成电子照片. 用手机拍摄灯光时，正常情况下，灯光进入光圈，然后被底片接收. 但用手指擦镜头后，由于手指上有油污，手指的指纹会让油污在镜头表面留下一些痕迹，像“狭缝”一样，这时灯光透过“狭缝”就会发生衍射，光会在受限制的方向伸展开，即光芒和狭缝垂直. 也就是说，用手指换不同的方向去擦镜头时，光芒的方向也会不一样.

知识拓展　光的衍射现象在日常生活中的应用也比较普遍，可以将衍射装置制成不同形状，如狭缝、小孔等，得到的光的衍射花样各不相同，有的花样是明暗相间的条纹，有的则是明暗相间的同心圆.

§1.4.22

为什么人眼看光源不是一个点，而是周围有光晕，然后呈放射状向四周传播？

生活现象　为什么人眼看光源不是一个点，而是周围有光晕，然后呈放射状向四周传播？

物理原理　这个现象是由眼睛的瞳孔对光的衍射造成的. 人眼的瞳孔不是正圆而是多边形，所以有人会看到一圈光晕或其他辐射形的光线. 用肉眼观察远处的灯，可以看到向四周辐射的光芒，而且光芒分布在各个不同的角方位上，表明瞳孔是一个多边形. 这可以用多边孔的衍射实验验证，若光束在某方向受到限制，则强度就在该方向扩展. 这是衍射现象的特点之一. 远处的光源投射到视网膜上的影像很小，眼球微小的晃动相对光源在视网膜上的成像来说都比较明显，光源晃过的地方因为视觉暂留的缘故会留下一条痕迹，感觉上就像光源发出的射线，这就是看光源不是光点而是星状的原因.

知识拓展　日常生活中通常还有许多这样的例子，例如，童谣中“一闪一闪亮晶晶”“星星眨眼睛”等都是对远处星星发光的景象的描述.

§1.4.23

为什么电脑存储用的光盘表面是彩色的?

生活现象　为什么电脑存储用的光盘表面是彩色的？这是什么原理？

物理原理　光盘表面有致密的化学涂层，刻录光盘时通过对其施加微小的、凹凸不平的轨道密纹而记录相应信息. 这种情况下，化学涂层便可看作一种各处厚度不均匀的透明薄膜，这会使可见光在其上下表面分别反射时产生光程差，并发生薄膜干涉，从而形成彩色条纹.

知识拓展　光碟上的光轨整齐排列，形成固定间距的反射条，白光照在上面后，各个反射条上反射的光发生衍射现象，形成七彩色，类似于光学仪器设备所利用的光栅的原理.

§1.4.24

彩虹为什么是拱形的？

生活现象 下雨天通常能看到彩虹，细心的同学会发现，彩虹是拱形的，为什么？

物理原理 彩虹是气象中的一种光学现象. 当阳光照射到半空中的雨点时，光线被折射及反射，在天空中形成拱形的七彩光谱. 彩虹的颜色从外至内分别为红、橙、黄、绿、青、蓝、紫.

彩虹是阳光照射到空气中接近圆形的小水滴造成色散及反射而形成的. 阳光射入水滴时会同时以不同角度入射，在水滴内亦以不同的角度反射. 当中以 40°～42° 的反射最为强烈，造成人们所见到的彩虹. 造成这种反射时，阳光进入水滴，先折射一次，然后在水滴的背面反射，最后离开水滴时再折射一次. 因为水对光有色散的作用，不同波长的光的折射率有所不同，蓝光的折射角度比红光大. 由于光在水滴内被反射，所以观察者看见的光谱是倒过来的，红光在最上方，其他颜色依次在下方. 其实，只要空气中有水滴，而阳光在观察者的背后以低角度照射，便可能产生可以观察到的彩虹现象.

彩虹最常在下午雨后刚转天晴时出现. 这时空气内尘埃少而充满小水滴，天空的一边因为仍有雨云而较暗，而观察者头上或背后已没有云的遮挡，可见阳光，这样彩虹便会较容易被看到. 另一个经常可见到彩虹的地方是瀑布附近. 在晴朗的天气下背对阳光在空中洒水或喷洒水雾，亦可以人工制造彩虹. 空气里水滴的大小决定了虹的色彩鲜艳程度和宽窄. 空气中的水滴大，虹就鲜艳，也比较窄；反之，水滴小，虹色就淡，也比较宽. 我们面对着太阳是看不到彩虹的，只有背着太阳才能看到彩虹，所以早晨的彩虹出现在西方，黄昏的彩虹出现在东方.

知识拓展 出现彩虹的必要条件是需要大量的小水滴，人们经常唱的一首歌的歌词“不经历风雨，怎能见彩虹？”反映的就是雨水对彩虹形成的作用. 这个原理反映的是光的反射、折射及色散等现象.

§1.4.25

为什么小轿车的车窗装上茶色玻璃后，车外的人很难看清车内人的面孔?

生活现象　小轿车的车窗装上茶色玻璃后，车外的人很难看清车内人的面孔，而车内的人却很容易看清车外的人物、场景，这是为什么？

物理原理　茶色玻璃能反射一部分光，还会通过折射透射一部分光，这样，外界光线照射在茶色玻璃窗上后，通过折射透进车内的光线就相对较弱，因此，要看清车外的人，车外光线必须足够亮，这在通常情况下容易实现. 而车外的人要看清车内人的面孔，必须要从车内人面孔反射足够强的光，然后折射透射到玻璃外面. 由于车内光线本来就相对于车外较弱，没有足够的光透射出来，所以车外的人很难看清车内人的面孔.

知识拓展　物理学上有一个"光路可逆"原理. 如果从 A 人的眼睛反射一束光能进入 B 人的眼睛，则从 B 人的眼睛反射的一束光也一定能进入 A 人的眼睛；也就是说，当一个人 A 能看清另一个人 B 的眼睛时，则 B 人就一定能看清 A 人的眼睛，这就是所谓的"对视""眉目传情". 但以上情况成立的基本条件是光线的亮度都要足够强. 否则，一方强而一方弱，光线弱方能看见光线强方，而光线强方却看不见光线弱方. 就像观众在舞台下看舞台上的演员，当强光照射到演员身上时，演员根本看不见台下的观众，但台下的观众却能看见台上的演员. 小轿车车窗安装茶色玻璃的作用与此相似.

§1.4.26

为什么深海处没有光亮?

生活现象　同学们是否注意到深海处没有光亮？这是为什么？

物理原理　纪录片《蓝色星球》向我们展示了神秘的深海世界. 我们为生命的智慧与坚韧惊叹的同时不禁思考，为什么太阳光无法抵达深海呢？这是因为水对光有吸收、反射、散射等作用，这些作用的结果都会使阳光的强度减弱，其中水对光的吸收起主要作用. 光的强度随光的入射深度的关系是 $I = I_0 e^{-aL}$，其中，I_0 是入射光强；a 是正常数，可以描述介质对单色光的吸收能力；L 是入射深度. 根据公式，10000m 厚的纯水层会把入射光吸收殆尽. 又由于海水中含有盐、杂质等，这使海水的吸光能力要强于纯水，所以还没到达深海，阳光就被吸收了.

知识拓展　由于深海没有光亮，因此在深海探测研究的科学家通常都会使用自备光源，探索深海的生物、海况等.

第五章　生活中的现象与热学

§1.5.1

为什么开水泼在地上的声音和冷水泼在地上的声音不一样，前者低沉一些，后者更加清脆？

生活现象　细心的同学是否会发现，开水泼在地上的声音和冷水泼在地上的声音不一样，前者低沉一些，后者更加清脆？为什么？

物理原理　当水煮开后，水分子的活动能力大为增强，分子间的吸引力大为削弱. 这时，不仅液体表面的水分子很快蒸发，而且液体内部的水分子也争先恐后地汽化飞出. 因此，在开水四周总是夹着这一层富有弹性的水汽，所以发出了低沉的“扑扑”声. 水温逐渐降低时，水分子的活动能力减弱了，分子间的吸引力增大了，液体内部的水分子不再汽化，包围着的水汽层逐渐消失，这时，水着地时就直接与地面接触，因而发出来的声音变清脆了.

知识拓展　液体的汽化与液体的温度有关，液体温度越高，汽化越快；汽化可发生在液体的表面与内部. 生活中，为了使液体较快汽化，通常给液体加热，使液体与空气接触面增大. 例如，过泼水节，人们把水泼开来，就能增加水与空气的接触面，水容易汽化蒸发.

§1.5.2

为什么将刚煮熟的鸡蛋放入冷水中会比较好剥皮？

生活现象　大家都有这样的生活经验，刚煮熟的鸡蛋放入冷水中会比较好剥皮，这是为什么？

物理原理　大家都知道，一般的物体都有热胀冷缩的特性，但每种物质的伸缩程度不同. 鸡蛋是由硬的蛋壳和软的蛋白、蛋黄组成的，它们的伸缩情况也不一样：当温度变化不大或温度变化比较均匀时，两者差别不大；当温度发生快速变化时，蛋壳和蛋白伸缩的差别会很大.

因此，当把滚热的鸡蛋突然放入冷水中骤然降温时，蛋壳猛然收缩，蛋白却还处在原有的温度而没有缩小体积，这时候就会有一小部分蛋白被蛋壳挤压并占据蛋壳内剩余的地方，也就是说，蛋壳内的蛋白质等发生了相对移动. 随后，蛋白又因温度渐渐降低，也逐渐收缩. 由于蛋壳和蛋白、蛋黄的收缩程度不同，就形成了蛋白与蛋壳的脱离，因此，就不会连壳带蛋白一起剥下来，蛋壳很容易剥掉.

知识拓展　物体都有热胀冷缩效应，剥蛋壳就是利用了鸡蛋热胀冷缩导致鸡蛋内外发生相对运动，而使蛋壳相对容易脱落的例子. 日常生活中，有些热胀冷缩的现象并不十分明显，需要大量的累积效果才能看见. 例如，现代大桥都有连接两部分桥面的收缩缝，主要是防止夏天桥面长期暴晒后伸长而引起两端膨胀凸起. 反之，从炎热的夏天转变到寒冷的冬天时，桥面收缩明显，收缩缝就明显显露出来.

§1.5.3

热水一定比冷水先结冰吗？

生活现象　是否有同学做过这样一个实验并得出结论：热水一定比冷水先结冰？这个结论永远对吗？

物理原理　这个物理学问题起源于一个事实：1963 年，在坦桑尼亚的某一个学校，允许生活困难的学生在课间卖自制的冰激凌，这些学生到校的第一件事就是做冰激凌，因为谁做得快，谁就能早一些卖出. 有一天，初三年级学生姆潘巴迟到了，她把热的冰激凌原料放入了冰箱，结果她的冰激凌最先做完. 这种现象命名为“姆潘巴效应”.

什么是姆潘巴效应？有两个形状一样的杯子，装着相同体积的水，唯一的区别是水的温度. 现在将两杯水在相同的环境下冷却. 在某些条件下，初温较高的水会先结冰，但并不是在任何情况下都会这样，例如，99.9℃的热水和 0.01℃的冷水，冷水会先结冰. 姆潘巴效应并不是在任何的初始温度、容器形状和冷却条件下都可看到.

普通水中含有碳酸氢钙杂质，水温升高发生化学反应生成的碳酸钙沉淀，可以充当晶核即加快水结晶. 为了防止这一影响，可以采用蒸馏水做以下实验.

下面从物理图像的角度对 100℃的热水比 35℃的冷水先结冰做出初步分析. 首先在温度 T-时间 t 坐标系中绘出它们降到 0℃的降温曲线(其中虚线为对称延长线). 在两条曲线的交点处，比较相应的切线斜率，即温度下降速率.

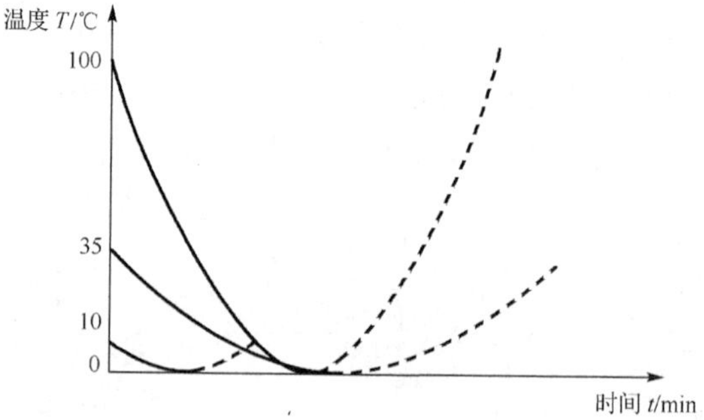

显然 100℃热水在该点的温度下降速率大于 35℃冷水的温度下降速率. 为什么会出现这种情况呢？因为在该点由于蒸发等因素的影响，热水的质量小于冷水的质量，所以热水在该点温度下降快，先达到 0℃. 当热水含有杂质时，则会作为晶核而加速结晶，这就是热水比冷水先结冰的重要原因.

“热水先结冰”是否是普遍性的结论呢？答案是否定的. 例如，在上述 T-t 坐标系中，再绘一条更冷的 10℃水的降温曲线(虚线部分为对称延长线)降到凝固点 0℃，它与时间的交点在最左边，表示它最先结冰，实验证明了这一理论.

综上所述，我们可以得出：姆潘巴效应不是普遍现象，是有条件的，只有在某些温度和温差范围内才会发生. 这种现象对于蒸馏水，主要是由水的质量不同. 蒸发降温快慢不同所致；对于普通水及牛奶等液体，还与所含杂质有关.

知识拓展　任何规律的应用是有适用条件的，当条件发生变化时，某些原来得出的结论可能就不再正确. 本实验就是一个很好的例子.

§1.5.4

为什么将塑料软瓶子扭转，直至将瓶盖喷出，瓶口附近出现水汽？

生活现象　同学们是否发现，将塑料软瓶子扭转，直至将瓶盖喷出，瓶口附近出现水汽？

物理原理　在瓶口出现的这个好似烟雾的东西绝对不是瓶内的水蒸气. 当使劲拧塑料瓶子时，瓶子慢慢变形，瓶内体积被慢慢压缩，压强逐渐增大，这时，如果瞬间打开瓶盖(在物理上可认为是一个绝热过程)，瓶内高压气体会对外做功，于是瓶内气体的内能减小，导致瓶内温度降低，当瓶口附近空气中的水蒸气在瓶口附近突然遇冷后，会液化成小水滴，即我们看到的类似“雾”的东西.

知识拓展　气体对外做功，内能减少；外界对气体做功，气体内能增加. 冰箱压缩机制冷的工作原理就是如此.

§1.5.5

煮食物时全程一定要开大火吗？

生活现象　细心的同学会发现，在煮饺子时，刚开始烧开水时是大火烧水，但待下了锅的饺子煮开后，会把火关小一些，用小火煮饺子. 那么，煮食物时全程一定要开大火吗？

物理原理　水沸腾后温度保持不变(通常为 100℃)，即使这时再加大火力，也不能提高水温，只能加快水的汽化，也就是说，并不能加快食物变熟. 所以，为加快食物熟的速度可以在水烧开之前用大火，使水温迅速升高，但水烧开后用小火保持水小沸腾即可，这样既不浪费能源，也能使食物保持在高温下快速熟起来.

知识拓展　日常生活中利用加热做饭的经验很多. 例如，用高压锅煮肉、用水蒸馒头等，刚开始需要大火加热使锅内温度达到沸腾的程度，但当高压锅上边的高压阀均匀旋转时，或当蒸馍锅烧开蒸汽喷出时，不需要再开大火烧锅，只需要小火保持就行，因为这时锅内的温度不会再升高了，只保持这个温度使食物熟起来就行，这样既节约能源又不耽误时间.

§1.5.6

在学校教学楼的茶水间接开水，发现杯子内壁上满是气泡，感觉像汽水，这是怎么回事？是不是水不干净？

生活现象　有细心的同学注意到，在学校教学楼的茶水间接开水，发现杯子内壁上满是气泡，感觉像汽水，这是怎么回事？是不是水不干净？

物理原理　大家知道，水中原本就含有空气，在不断对水进行加热的时候，根据气态压强与温度之间的关系式 $pV=nRT$，当水温 T 升高时，水中气泡内的气压增高，气泡体积增大而向上浮，也就是说，给水加热时，水把空气向外挤压，水对空气的溶解能力也降低，特别是在水快要烧开，水中压强达到一定程度时，水中的空气渐渐析出，而析出的形式就是形成一个个小气泡向上翻滚. 对靠在杯壁上的小气泡进行受力分析，显然，当浮力不大于摩擦力时，小气泡就升不上去了，被吸附在四周的杯壁上. 小气泡吸附在杯子内壁也是这个道理，因为倒入杯中的水也是刚烧开的水，水温较高，水中气泡也被紧紧挤压在水体四周，形成一连串的水中内壁气泡，这是正常现象，与烧水容器没有关系.

知识拓展　水中通常会有一些气体，这些气体以很小的气泡方式存在于水中. 水会溶解或者说吸收大气中的气体，水里有氧气、氮气、二氧化碳、氩气、氦气等. 在一些有机物富集的水体中，还常存在甲烷、氢气、硫化氢等还原剂气体.

在 0℃时，每升水中含有：氢气 0.02148L、氧气 0.04889L、二氧化碳 1.713L；在 20℃时，每升水中含有：氢气 0.01819L、氧气 0.03103L、二氧化碳 0.878L. 水中的鱼等很多动物，就是通过体内的腮在水中进行呼吸的.

水在加压下会吸收更多的气体. 我们常喝的汽水，就是在加压的情况下，使更多的二氧化碳气体溶于水.

§1.5.7

为什么雪在 0℃以上的温度(不很高)时还能存在很长时间，不是很快消融?

生活现象　冬天下雪的场景大家历历在目，细心的同学可能观察到了，雪在 0℃以上的温度(不很高)时还能存在很长时间，不是很快消融，为什么?

物理原理　因为雪在融化的时候，会吸收周围的热量，这就相当于给没有消融的雪降温，使之温度保持在 0℃以下. 这就是虽然连续几天是 0℃以上的温度，但是雪也会保存比较长的一段时间的原因.

知识拓展 由于雪在融化的时候会吸收空中的热量，从而导致空中的温度有所下降. 当雪融化时，温度不一定在0℃以上. 我们都知道冰水在0℃共存，也就是说，雪融化时，水的温度也是0℃，从空中吸热了热量，使得空中的温度更低. 这就是人们经常说的“下雪不冷融雪冷”的原因.

§1.5.8

为什么有时候从热水瓶倒出一大杯开水后，瓶塞会跳出来？

生活现象 大家都用过热水瓶，也可能有许多与热水瓶有关的生活体验，例如，有时候从热水瓶倒出一大杯开水后，盖上瓶塞，过一会儿瓶塞会跳出来，这是为什么？

物理原理 当你倒出一大杯开水后，热水瓶内就会留有一部分空间，这个空间在热水瓶的上部，是热气体停留的地方. 当倒完水又盖上瓶塞的时候，一股冷空气也随着钻进了热水瓶里被盖了起来. 空气有热胀冷缩的性质，冷空气进入热水瓶，与热水进行热交换，其体积就要膨胀，但瓶塞盖紧后它不能自由膨胀，因此瓶塞就受到气体的压力，当这个压力增大到一定程度时，瓶塞就被高压热气体冲出来. 把瓶塞盖得越紧，瓶内气体的体积就压得越小，它的压力就越大，因此瓶塞被冲出后跳得也越高，声音也越大.

知识拓展 气体被加热的温度越高，其产生的压强也就越大. 在高压下，如果突然打开气阀，强大的热气流就会冲出，产生很响的声音. 例如，有时会见到用传统的老式“手摇爆米花机”进行爆米花制作，当高压达到预设的压强时，突然打开气门，玉米颗粒与高压热空气同时突然冲出，产生很响的声音，同时，玉米颗粒由于本身内部的高压作用被突然解除，会由里向外突然炸开，形成爆米花.

§1.5.9

为什么晚上放在露天地方的自行车比放在车棚里的自行车的车座上露水多？

生活现象　细心的同学可能会发现，晚上放在露天地方的自行车比放在车棚里的自行车的车座上露水多，这是为什么？

物理原理　产生露水的直接原因是随着温度降低，空气容纳水蒸气的量也降低，原来包含在空气里的水蒸气会析出成为液态，即露水. 放在外面的自行车，由于晚上与白天空气的温度差较大，也就是说，自行车从白天到晚上散失的热量较大，周围空气的温度降低也较快，从空气中更容易析出露水，露水轻轻地降落附着在自行车座上. 而对于放在车棚里的自行车，由于车棚内的空气在晚上与白天的温度差别不大，自行车周围空气的温度降低也较慢，因此，尽管经过一晚上的积累，车棚内的空气中并不容易析出露水.

知识拓展　同样的道理，夏天空气湿度较大的晚上，如果将小汽车直接放在露天停车场，第二天起来会发现汽车的前挡风玻璃上有一层薄薄的露水雾气. 而如果将小汽车放进车库里，就不会发生这种现象. 这也是有人晚上给自己的爱车穿上“车衣”的一个原因.

§1.5.10

为什么水和火不相容？

生活现象 通常人们用“水火不相容”来比喻二者对立，绝不相容．那么，为什么水与火不相容呢？

物理原理 这个问题得从物理上解释．物质要燃烧，就必须达到着火点．由于水的比热大，水与火接触可大量吸收燃烧着的火的热量，致使着火物温度降低，当温度低于着火点后，火会熄灭；同时，水遇到火后可以使水汽化，汽化后的水蒸气包围在燃烧的物体外面，使得物体不可能和空气接触，而没有了空气，燃烧就不能进行．这两种原因导致水能灭火．

知识拓展 由于水能灭火，因此在日常生活中通常利用这种方法来灭火．例如，消防队的消防车中装有大量的水，如果遇到火灾，就用水龙头喷出的水压制火焰，进而达到灭火的目的．

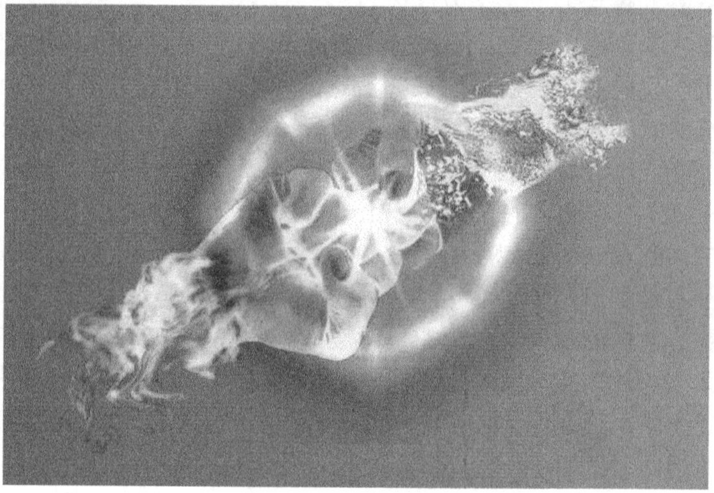

§1.5.11

为什么水能浇灭火呢？这是一个生活常识，但你是否思考过它的原理呢？

生活现象 当建筑物着火时，常常看到消防人员拿着水龙头喷水灭火．那么，为什么水能浇灭火呢？这是一个生活常识，但你是否思考过它的原理呢？

物理原理 从化学反应方面讲，因为水是氢气在氧气中燃烧的产物，所以不会再燃烧．水受到火焰的炙烤，会变为水蒸气，这一过程会吸收大量的热，能迅速降低火焰温度，使其低于着火点．同时，水蒸气笼罩在火源四周，隔绝了空气中的氧气，使火焰因缺氧而熄灭．不过，在油类燃烧时，却不能用水去浇，这是因为油类密度比水小，泼了水之后油类不仅继续在水面燃烧，而且借着水势会漫淌开来，使火势更猛. 所以，要扑灭油类燃烧形成的火灾，就需用灭火器. 如果身边没有灭火器，就用沙土掩盖.

知识拓展　常见的一个有意义的实验是，用纸做的容器盛水后，用火焰在其底部给其加热，人们发现，水都烧开了，但作为盛水容器的纸未着火. 其原因就是，火虽然直接加热纸容器底部的纸面，但由于纸的另一面与水接触，下边不断有火加热，热量不断通过纸面传递给容器内部的水，而纸本身因达不到着火点而不能被烧坏.

§1.5.12

为什么往冰冷的玻璃杯里倒热水时杯子可能会炸裂?

生活现象　往冰冷的玻璃杯里倒热水时杯子可能会炸裂，为什么?

物理原理　玻璃杯炸裂的原因是玻璃不均匀膨胀. 当热水倒进冰冷的杯子时，玻璃杯无法一下子全被加热，由于与热水的接触，玻璃杯内壁会首先被加热，但杯子外壁却仍保持原来的冷却状态. 此时内壁迅速膨胀，内层玻璃突然向外大力挤压，而外壁却维持原状，这时，杯外侧会受到内侧的强压，将玻璃杯挤压破裂. 如果事先让杯子内外侧同时受热，然后再倒入热水，杯子内外膨胀的程度相差不那么大，就不会炸裂了. 不过，如果玻璃杯很薄，即使倒入热水，热也会很快传到外侧，这样内外同时膨胀，杯子也就不易破裂.

知识拓展　在热传递过程中，急剧地增加热量导致物体内外温差显著，常常容易产生破坏现象，因此，在加热时经常有“预热”这么一说.

§1.5.13

为什么晒过的被子会感觉到暖和？

生活现象　大家一定有这样的生活体验与感受，晒过的被子会感觉到暖和，为什么？

物理原理　一方面，由于被子里面大多都是棉花，在经过晾晒之后，可以使棉花当中进入更多的空气，被子显得蓬松，同时因为空气在狭小的空间中的热量传递方式主要是传导，并且空气的导热系数比较小，所以有比较好的保温功能. 如果拍打几下可以让更多的空气进入，更蓬松，更暖和. 另一方面是被子的潮气没有了，同样也会变得暖和.

知识拓展　同样的道理在日常生活中应用较多. 例如，对于旧的棉被，如果将被子内芯的棉花重新弹一下(弹棉花)，使其蓬松起来，然后重新缝制被子的内芯，缝制好的被子既轻又暖和，就是因为被子内芯的棉花较以前进入了更多的空气，特别是干燥的热空气，这些空气又不容易从被子里传出去，可以长时间地使被子保持蓬松状态，人使用起来感觉比较暖和.

§1.5.14

在加热凉粥或冷饭时，虽然锅内已经发出“扑嘟、扑嘟”的声音并不断冒出气泡，但尝一尝，粥或饭并不热，这是为什么？

生活现象　在加热凉粥或冷饭时，虽然锅内已经发出“扑嘟、扑嘟”的声音并不断冒出气泡，但尝一尝，粥或饭并不热.

物理原理　把凉粥或冷饭烧热与烧开水是不一样的. 虽然水是热的不良导体，对热的传导速度很慢，但水具有很好的流动性. 当锅底的水受热时，它就要膨胀，因密度减小就会上浮，锅底周围的凉水就流过来填补因热水上浮而留下的空间，通过这种对流，就把锅底的热不断地传递到水的各部分而使水变热. 而凉粥或冷饭，流动性差又不易传导热，所以，当锅底的粥或饭吸热后，温度很快上升，但不能很快地向上或向四周流动，大量的热就集中在锅底而常常出现将锅底的粥烧焦的情况，听到的“扑嘟、扑嘟”声就是锅底大量热量聚集膨胀产生气泡的爆裂声. 由于热量很难传到粥或饭的上面，所以上面的粥或饭依然是凉的.

知识拓展　加热凉粥或冷饭时，要在锅里多加一些水，使粥或饭变稀，增强它的流动性. 此外，还要不断搅拌，强制进行对流，这样可将粥进行均匀加热. 常见的各种液体加热都需要搅拌，以加速热量均匀扩散.

§1.5.15

为什么同样的气温，小雪片落在水泥路面上很快融化成水，而落在土地上就不会立即融化？

生活现象　细心的同学会发现，同样的气温，刚下雪时，小雪片落在水泥路面上很快就融化成水，而落在土地上就不会立即融化？

物理原理　大家知道，固体主要依靠传导来传递热. 例如，两个互相接触的固体物质，温度会逐渐变得相同. 而液体和气体能够流动，对流在热传递过程中发挥着主要作用. 液体中高温部分和低温部分之间发生对流，从而使得液体温度最终趋于一致. 对流性很弱的液体和气体是很难传递热的. 就像冬天的大棉被，一层厚厚的、松软的棉花，中间充满了空气，这样的空气对流性很弱，以利于保温.

问题很清楚了，水泥地面向雪花传热，比起土地向雪花传热较快，主要原因是：水泥地面和雪花之间的空气很少，而土地与雪花之间有足够多的空隙容纳空气. 对流较弱的空气传热很慢，因此水泥地面向雪花传热快一些，雪花也就能更快融化. 而土地向雪花传热较慢，对流也慢，因此融化较慢.

知识拓展　类似的例子还有水壶：暖壶的塞是木塞，能够有效阻止传导传热；内外壁之间抽成真空，阻碍了对流传热；内壁镀上一层金属(银或是铝)，像是一面镜子，阻断大多数辐射传热. 综合三方面，暖壶能够有非常好的保温效果. 这就是人们利用物理规律为人类造福的例子.

§1.5.16

用砂锅炖肉或炖汤时，当汤水沸腾后从炉子上拿下砂锅，可看到汤水仍会继续沸腾一段时间，而铁、铝锅却没这种现象，这是为什么？

生活现象　用砂锅炖肉或炖汤时，当汤水沸腾后从炉子上拿下砂锅，可看到汤水仍会继续沸腾一段时间，而铁、铝锅却没这种现象.

物理原理　砂锅是用陶土烧制而成的，且锅壁厚，陶土是非金属材料，非金属的比热容比金属大得多，而传热能力比金属差得多. 当砂锅在炉子上加热时，锅外层的温度远超过 100℃，内层温度略高于 100℃. 此时，砂锅吸收了许多热量，储存了很多热能. 将砂锅从炉子上拿下来后，远高于 100℃的砂锅外层仍继续向其内层传递热量，砂锅内壁继续向汤传递热量，使汤水仍达到 100℃而能继续沸腾一段时间. 而铁锅、铝锅因比热容小且传热快，当加热时金属锅壁储存的热量较少，当停止给其加热后，其内外表面温度立即就不高于 100℃，因此，铁锅、铝锅就不会出现砂锅那样离开火炉还会看到汤沸腾的现象.

知识拓展　距离海洋近的南方地区的昼夜温差很小，而远离海洋的北方地区的昼夜温差往往很大. 主要是沿海地区水域面积大，内陆地区水少、砂石多，水的比热容比砂石大的缘故. 海水成了一个调节温度的大调节器，使得海水周围的气温在白天与晚上变化不太大，温差小.

§1.5.17

把手放在热水里，为什么动动手会觉得更热?

生活现象　大家是否有这样的生活体验，把手放在热水里，动动手会觉得水更热? 这是为什么?

物理原理　热水温度比体温高，当手放在其中时，皮肤表面附近的水就成了一个相对稳定的过渡层. 由于水本身的导热性并不好，在不搅动的情况下，热量缓慢地传导到皮肤上，进而被体内流动的血液及时带走，并不感觉很热. 而当手在水中搅动时，表面过渡层被破坏，周围的热水源源不断地流过皮肤表面，持续带来热量，血液来不及把这些热量都带走，于是表皮温度升高，就会感觉到更热了. 另外，如果掐住手腕暂时减缓血液流动，手也会感觉更热. 类似地，冬天在室外迎风行走，当气温一定时，风越大，人越冷，称为风寒效应，也是类似的道理.

知识拓展　对液体和气体等流体而言，流动速度是影响导热效率的关键因素. 设想我们在空间站的失重环境下加热一壶水，其加热速度一定不如在地球上快，因为在重力场中从底部对水加热时，水会有明显的对流，促进热量迅速传递.

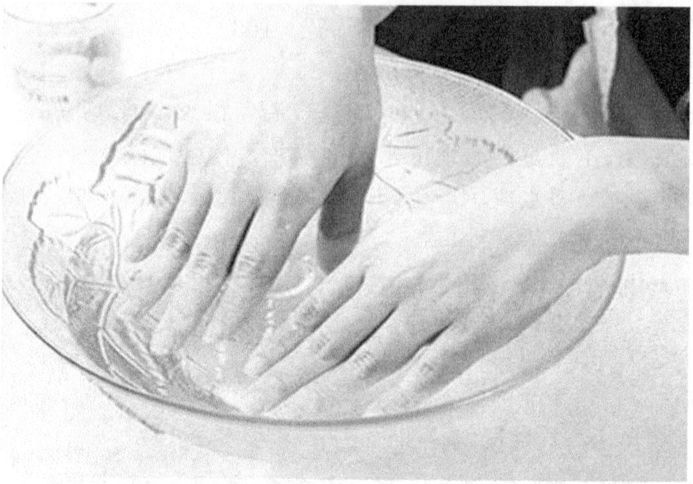

§1.5.18

为什么暖气片上方的白墙会被熏黑？

生活现象　细心的同学可能会发现，刚装修过的房间，洁白的墙面经过冬天供暖后，常常变黑，而且黑色的灰尘痕迹并不均匀地分布着. 同学们不禁要问，为什么暖气片上方的白墙会被熏黑？

物理原理　大家知道，暖气片工作时向外散发热量，会在周围产生热空气，受热的空气比原来未受热的冷空气密度小，这些热空气会向上飘，当热空气上升时会在原来的空间产生低压区，这就需要附近的冷空气来对这个空间进行补充，这样的区域不断有热空气上升、冷空气又来补充，导致暖气片周围出现空气对流，对流的气流会带动室内的灰尘，当灰尘和墙壁碰撞时就可能会吸附在墙壁上；另外，有的暖气片上涂有银粉，升华后会变成气体，最后凝华在墙壁上. 这些原因就导致墙面上形成一道道灰污痕迹. 暖气片正是靠周围空气的对流将热量发散传递出去的.

知识拓展　日常生活中依靠对流原理进行工作的例子很多，人们可以利用对流原理为人类造福，也可以阻止对流给人们带来的破坏. 利用对流时，要注意提供引起对流的动力，例如，对着人吹风扇降温，就是通过对流将人体的热量散到人体以外，以达到降低温度的效果. 火炉烧开水做饭，就是利用锅内水的不断对流将锅内的水温整体提高. 在夏季海边经常会有台风，将大量的海水吹到空中形成大暴雨、大风天气，这是由于某些区域的海水表面附近的空气与地面附近的空气的密度急剧变化导致的空气强烈流动，与高空的空气形成强对流天气，造成了气象性灾害.

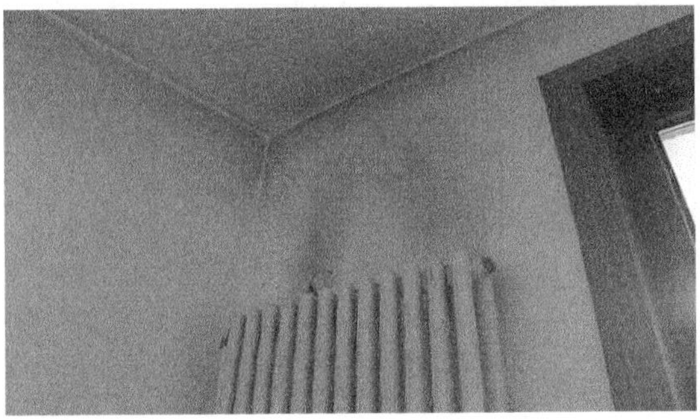

§1.5.19

老式电灯泡为什么呈梨形?

生活现象　老式的电灯泡为何呈梨形，且安装时通常灯泡的颈部在上方?

物理原理　电灯泡的灯丝是用金属钨制成的. 通电后，灯丝发热，温度高达2500℃以上. 金属钨在高温下升华，一部分金属钨的微粒便从灯丝表面跑出来，附着在灯泡内壁上. 时间一长，灯泡就会变黑，亮度降低，影响照明. 科学家们根据气体对流是自下而上的特点，在灯泡内充有少量惰性气体，并把灯泡做成梨形. 这样，灯泡内的惰性气体对流时，金属钨蒸发时的黑色微粒大部分被气体卷到上方，附着在灯泡的颈部，灯泡的下部便可保持玻璃透明，使灯泡亮度不受影响. 梨形的表面有一定曲率，可以增加强度，使薄薄的玻璃壳也能承受较大的压力，从而使灯泡结实.

知识拓展　类似地，因物体受热导致周围空气向上运动，而较远的气体会随之填补热物体附近气体移走后留下的空缺，使得热物体周围的空气形成对流，常常可明显看到在空气流动的通道附近留下灰尘污渍痕迹. 按照这个空气流动后留下的灰尘污渍痕迹，可反向判断出灰尘污渍附近存在热源. 例如，暖气片、埋在墙壁里的电线周围往往可见灰尘污渍痕迹.

§1.5.20

热水瓶为什么能起到保温的效果？

生活现象　热水瓶大家都很熟悉，主要是用于保持瓶中水的温度. 那么，热水瓶为什么能起到保温的效果？

物理原理　解释这个问题需要首先了解物理学中热量传递的三种方式：热对流、热传导、热辐射. 热对流是液体内部由温度不同导致的质点发生相对位移的热量传递方式. 由于热水瓶的瓶塞堵塞了瓶口，瓶子内部与瓶口附近的温度保持不变，这正好阻断了热对流这一传热途径. 热传导是由于物体不同部位存在温度差而发生的由高温物体向低温物体直接传递热量的方式. 大家知道，热水瓶瓶胆是由两层薄的玻璃外壳组成的，两层外壳之间抽为真空，也就是除去了热传递的媒介，使得热水瓶内部的热量无法传导到热水瓶的外壳. 热辐射是物体由于具有温度而辐射电磁波的现象，瓶胆内侧涂有一层薄薄的银膜，也将这一辐射途径阻断了. 综上，对热水瓶来说，通过热传递降低热水温度的三种方式都被阻断了，因此，热水瓶可以起到保温的效果.

知识拓展　了解了物体热传递的方式与途径，在日常生活中，要学会利用这些原理为人类造福. 例如，太阳能热水器的真空管吸热防辐射，储水箱的外层保温层装置，冬天温暖的房间需要关闭窗户保暖，用于保暖的羽绒服，夏天室内用于降温的风扇，等等.

§1.5.21

夏季在维持20℃的室内穿单衣感到舒适，为什么冬季在室内保持同样的温度要穿上绒衣？

生活现象　夏季在维持20℃的室内穿单衣感到舒适，冬季在室内保持同样的温度要穿上绒衣，为什么？

物理原理　首先，冬季和夏季的最大区别是室外温度的不同. 夏季室外温度比室内温度高，因此通过墙壁的热量传递方向是由室外传向室内. 而冬季室外温度比室内低，通过墙壁的热量传递方向是由室内传向室外. 因此，冬季和夏季墙壁内表面温度不同，夏季高而冬季低. 因此，尽管冬季室内温度与比夏季相同，但人体在冬季通过辐射与墙壁的散热比夏季高很多. 人体对冷的感受主要是散失热量的情况，在冬季散热量大，因此，感觉要冷，要穿厚一些的绒衣.

知识拓展　在同样的环境中，相同温度的不同物体，用手摸一摸，感觉到的冰冷程度不一样，原因就是手与接触物之间热传递的情况不一样. 例如，冬季的室外，用手摸双杠的金属立柱和胶木横梁，感觉到的冰冷程度不一样，摸金属立柱感觉更冷一些.

§1.5.22

为什么晒太阳会感觉到温暖？

生活现象　大家都有这样的感觉，站在太阳下能够感觉到温暖，为什么？

物理原理　热量传递的方式有三种，即热传导、热辐射、热对流. 我们感受到的太阳的热主要是以光的形式辐射到地球上，即以热辐射的形式传递热量. 这种热辐射是以可见光和不可见光的形式传播的，光将能量从太阳带到了我们的皮肤，皮肤吸收能量，因此就觉得热了.

知识拓展　冬天，当我们在火炉边时会有灼热感，或者打开电暖气时周围温度上升，都是由于热辐射.

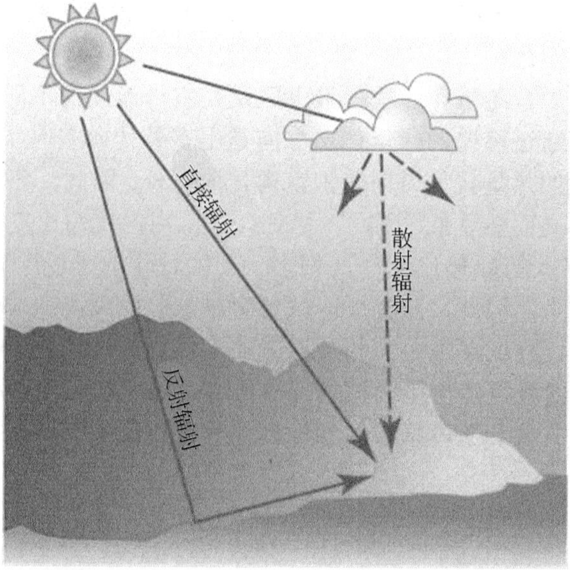

§1.5.23

为什么“破镜不能重圆”？

生活现象　生活中人们常说，破镜重圆必有一痕，也就是说“破镜不能重圆”，为什么？

物理原理　一切物体包括镜子，都是由分子组成的，分子间存在相互吸引的引力和相互排斥的斥力. 正是由于分子引力的存在，固体才能保持一定形状. 正是由于分子斥力的存在，才使得固体不容易被压缩. 分子之间的相互作用力包括引力和斥力，统称为分子力. 分子力的大小与分子之间的距离 R 有关.

(1) 当 $R=r$（r 称为平衡位置，r 的数量级约为 10^{-10}m）时，斥力等于引力，分子受力处于平衡状态.

(2) 当 $R<r$ 时，斥力大于引力，分子力表现为斥力，且随 R 的减小而急剧增大.

(3) 当 $R>r$ 时，斥力小于引力，分子力表现为引力，且随 R 的增大而先增大后减小；当 R 大于分子力的有效作用距离（约 10^{-9}m）时，引力很快趋于零，分子力可忽略不计.

那么为什么镜子破了后再合上，分子引力消失了呢？这是因为，镜子破碎时裂面参差不齐，超出这个分子引力作用范围，引力很小了，就很难将它们紧密结合在一起. 破镜不能重圆正是因为两片镜子无法接近到分子引力作用范围内.

知识拓展　分子力发生作用的前提条件是两个分子之间的距离必须在可以发生作用的有效距离(数量级约为 10^{-10}m)以内，超出了这个距离，分子间的作用力就趋近于零.

§1.5.24

水泥为什么会变硬?

生活现象　粉状的水泥在遇水后会逐渐变硬. 这是什么原理?

物理原理　要从水泥的成分说起. 普通的水泥是硅酸钙等物质的混合物，是石灰或白垩土(碳酸钙)同黏土(铝、硅和氧的化合物)在高温窑中加热烧制而成的. 粉状的水泥和水相混后，在开始的 1h 内，水泥颗粒被一薄层具有半透性的胶质膜所包裹着. 这一层胶质膜是由硅酸钙与水化合而成的，这个化合过程叫作水合作用. 普通水泥在接触水 4h 之后才能达到初步硬化. 这时，外部的水会通过半透性胶质膜渗入其内部，水泥颗粒会继续发生部分溶解，随着其浓度、渗透压、体积的变大，胶膜发生破裂，并又形成新的胶膜，如此反复进行，水泥颗粒外会形成一种空心管状的纤维. 大量的纤维向外伸展，随着纤维的变长，这些空心管状逐渐联结在一起，从而产生一种将各颗粒胶联起来的“交织网”. 正是这种纤维组成的立体网，增加了水泥的强度. 时间越久，水泥越硬，密度也越来越大. 最后，终于结成大块的“人造石头”. 这就是所谓的水泥的水硬性.

知识拓展　既然水能使水泥变硬、结块，那么在保存水泥时，就应当注意千万别让它受潮. 而且，一般来说，出厂半年后的水泥就失效了，不能再拿来使用.

 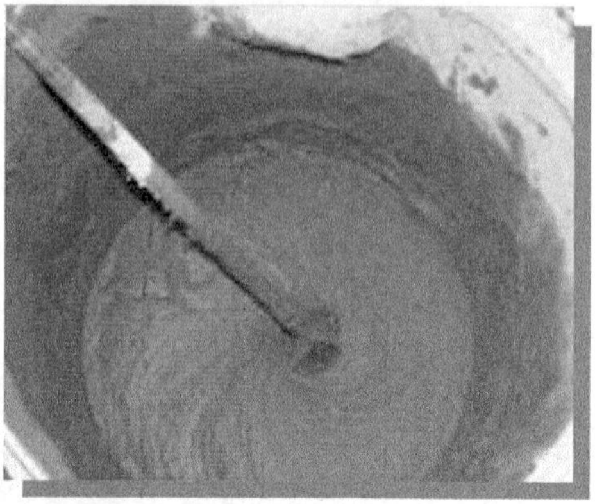

§1.5.25

泡沫是气体、液体还是固体？

生活现象　生活中大家都能遇到泡沫，如肥皂水形成的泡沫，但大家是否知道泡沫是气体、液体还是固体？

物理原理　气体、液体和固体是物质存在的三种状态. 固体有如下特性：固体里的粒子是紧紧相扣的，不易进行运动，固体固定在物质里一个特定的空间. 液体没有确定的形状，往往受容器影响，但它的体积在压力及温度不变的环境下，是固定不变的. 液体具有如下特性：①可以流动、变形，可微压缩；②分子间主要起作用的力是范德瓦耳斯力，这也是液体为什么会流动而固体不能的原因. 当液态物体分子间的范德瓦耳斯力被打破时(加热，使单个分子动能增大)，物体由液态变为气态；当液态物体分子间热运动减小，小到分子间可以形成化学键，当化学键在分子间占主导地位时，液体变为固体.

根据液体和固体的这些性质，可以判断泡沫是气液混合物(泡沫形状可以随意改变，受外界影响很大)，只不过中间有空气而已，当气泡破裂释放出气体后，会剩下液体.

知识拓展　日常生活中，有些物质的状态介于固体、液体之间，固体与液体的物理特征并不明显，例如，橡皮泥、软化的柏油等.

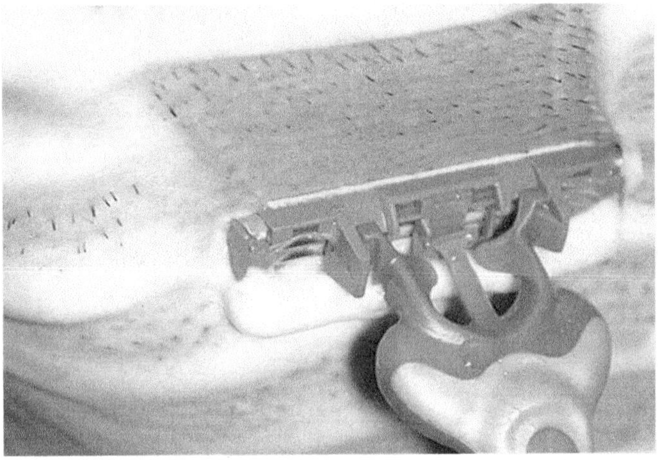

§1.5.26

豆腐本来是光滑的，冰冻以后，为什么会观察到很多像泡沫塑料一样的小孔?

生活现象　经常做饭的同学有时会发现，豆腐本来是光滑的，冰冻以后，会观察到很多像泡沫塑料一样的小孔，为什么?

物理原理　豆腐的内部有无数的小孔，这些小孔大小不一，有的互相连通，有的闭合成一个个小“容器”，这些小孔里面都充满了水分. 我们知道，水有一种奇异的特性：在4℃时，它的密度最大，体积最小；到0℃时，结成了冰，它的体积不是缩小而是胀大了，比常温时水的体积要大10% 左右. 当豆腐的温度降到0℃以下时，里面的水分结成冰，原来的小孔便被冰撑大了，整块豆腐就被挤压成网络形状. 等到冰融化成水从豆腐里流出以后，就留下了数不清的孔洞，因此就会观察到很多像泡沫塑料一样的小孔.

知识拓展　众所周知，水结冰后体积会膨胀，融化后体积会缩小. 如果某些物体内部含有大量的水分，则这种物体冷冻又融化后，很可能结构发生变化. 例如，将素菜、西瓜等放到冰箱的冷冻室，冻结后体积变大，外表坚硬光滑，但将其恢复平常的温度，会发现这些素菜、西瓜，内部的纤维结构全部损坏，无法食用. 因此，素菜、西瓜等果蔬千万不能放在冰箱的冷冻室冻结.

§1.5.27

为什么雪花有很多形状?

生活现象　仔细观察发现，雪花有很多形状，为什么?

物理原理　雪花的形状主要与形成雪花时的温度有关. 当温度为−8～−3℃时，雪花呈针状；当温度为−25～−8℃时，雪花呈片状或扇状；当温度更低时，雪花呈玉柱状. 而且雪花在形成的过程中是不断运动的，所处的温度条件也在不断变化，使得雪晶时而沿这个方向增长，时而沿另一个方向增长，这就形成了各种不同形状的雪花.

知识拓展　下雪后，仔细观察雪花的形状，通过不同的雪花形状，可大致推测雪花形成处的温度高低及变化.

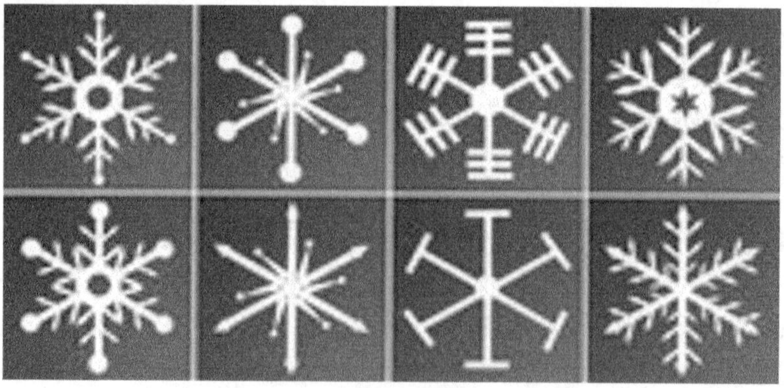

§1.5.28

被水打湿的书，干了之后为什么会皱皱巴巴的?只要把书再次完全打湿，然后放在冰箱的冷藏室中就可以“神奇地”将书恢复原样. 这是真的吗?

生活现象　相信大家都有过这样的经历，被水打湿的书，干了之后会皱皱巴巴的，为什么？只要把书再次完全打湿，然后放在冰箱的冷藏室中就可以“神奇地”将书又恢复原样. 这是真的吗？

物理原理　关于纸张变皱的解释有两种说法. 第一种说法是，纸张里有很多方向各不相同的纤维，纤维遇水后就会膨胀. 当干燥时，由于各方向纤维性质有所不同，故其收缩不均衡，使得纸面不能恢复原样而变皱. 第二种说法是，因为纸张是用木材加工而成的，纸张本来是干燥的，遇到水又变干以后，就会加速纸张里面原本水分子的挥发，所以才会产生褶皱.

很多人的实验表明，将变褶皱的纸张再次完全打湿，然后拿重物压平整，放在冰箱的冷藏室里，过一段时间后取出，就会让纸张恢复原样. 其原理就是完全打湿的纸张在冷藏室内且重物平整施压下，慢慢地、均匀地失去水分而干燥. 物理是一门以实验为基础的学科，只有自己实践了才能知道这种方法是否正确. 当然最好的办法就是让你的书离水远一些.

知识拓展　某些潮湿的物体干燥的过程中，如果水分均匀散失，并且给物体平整、均匀施压，这样会使物体干燥后非常平整. 例如，衣服被水浸湿，晾干后不再平整. 这时，可将衣服全部清洗后，用电熨斗将衣服熨平整，干燥后衣服就很平整.

§1.5.29

小心倾倒油时，为什么有时我们会看见新的一滴油会在液面上悬浮一段时间？

生活现象 细心的同学或许会发现，小心倾倒油时，有时会看见新的一滴油会在液面上悬浮一段时间，为什么？

物理原理 液体表面任意两相邻部分之间存在垂直于它们的单位长度分界线的相互作用的拉力. 表面张力的造成同处在液体表面薄层内的分子的特殊受力状态密切相关. 表面张力的存在造成了日常生活中可以观察到的一系列特殊现象. 例如，截面非常小的细管内的毛细现象、肥皂泡现象、液体与固体之间的浸润与不浸润现象等. 液态物质的表面都有表面张力. 表面张力的大小与液态物质的性质有关，还与液态物质的温度有关. 油滴的表面张力，使其像一个物体一样被液面托起，会持续一段时间，而当油滴边界的分子与液面充分结合时，油滴就被吸收进油内.

知识拓展 由液体形成的液滴，其在某个表面呈现的具体形状，除了与其表面张力有关以外，还与和它接触的表面的性质有关. 如果液滴能与表面很好地接触(物理学上称为"浸润")，则液滴的形状更趋扁平状；反之，如果液滴不能与表面很好地接触(物理学上称为"不浸润")，则液滴的形状更趋球状. 表面张力越大的液体与界面间形成的边界越明显. 例如，玻璃板上的水银滴基本上呈球形，这是因为水银滴外表面薄层内所有的分子都处在高势能状态. 计算表明，如使分子总势能为极小值，则表面必定呈圆球形. 如果设法消除重力的影响，例如，把液滴放在密度相同又与液滴不起化学反应的另一种液体中，或在真空中自由下落，或在失重的人造卫星与火箭的环境中，则液滴呈现理想的球形. 球形的肥皂泡、荷叶上的球形露珠，也可以用相同的道理来解释.

§1.5.30

当我们不小心打碎水银温度计时，我们容易发现液体水银的小球不会浸湿纸张，但为什么水却可以浸湿纸张？

生活现象　不知大家是否有这样的生活经历与体验，当不小心打碎水银温度计时，我们容易发现液体水银的小球不会浸湿纸张，但水却可以浸湿纸张，这是为什么？

物理原理　液体分子存在表面张力. 表面张力就是液体内部的分子受到来自各个方向的分子间作用力，而液体表面的分子仅受到来自液体内部一个方向的分子间作用力，致使液体分子有收缩的趋势，这种趋势使液体的表面积尽量保持最小. 当体积一定时，球状比其他形状的表面积都小，因此液滴是小球状的. 除了表面张力，还涉及浸润的问题. 如果液体接触到的物体是可以被浸润的，那表面张力的作用就将小于液体和固体间的分子力作用，也就是说，液体很难在自身表面张力的作用下形成小球. 水银小球与纸面等属于不浸润关系，而水与纸面存在浸润关系，因此，掉在纸面上的水银小球不会浸湿纸张，而水能浸湿纸张. 水的物理性质使得水分子能与纸纤维结合，而金属材料没有这种性质.

知识拓展　比较明显的例子就是，由于水与多数物体都有浸润的关系，所以水滴落在物体上时较难形成小球. 而大多数物体都不能被水银浸润，所以，水银掉在大多数物体上，比如桌面、地板、纸张，甚至床面，都会形成小球.

【本篇思考问题】

(1)请仔细观察，除了本篇所提供的生活中的物理现象与问题外，你还发现了哪些蕴含物理知识与规律的生活现象？试着利用物理原理分析、解释这些生活中的现象.

(2)在物理知识与原理学习之后，你能找到生活中的哪些现象反映了这些物理知识与原理？

(3)谈谈你对“从生活走向物理，从物理走向社会”这句物理课标要求的理解与看法.

第二篇　基于生活的中学物理教学设计与注意问题

教学设计是运用系统方法分析教学问题和确定教学目标，建立解决教学问题的策略方案，试行解决方案、评价试行结果和对方案进行修改的过程．它以学习理论、教学理论和教学传播学理论为基础，以优化教学效果为目的．教学设计是将教育教学理论应用于教育教学实践的桥梁，它具有操作性强和实践性强的特征．依照教学设计发生的先后顺序，应包括教学的目标设计、教学的策略设计、教学的过程设计、教学的媒体设计以及教学的评价设计．

众所周知，自然生活中大量的自然现象的背后几乎都包含着物理科学原理与规律，对这些物理基本原理的学习与掌握，能帮助人们很好地了解自然现象，掌握自然规律，并在自然规律的指导下享受生活．另一方面，中学物理教学与人们日常的生活现象紧密结合，能够使物理学习更加接近自然，更加贴近人们的现实生活，也使得物理学习更具生活性，更加有趣、有用，使更多的同学喜欢上物理这门学科．

教学设计涉及的内容比较多，本篇聚焦于简要介绍中学物理教学的目标设计、策略设计、过程设计以及评价设计等内容．这些教学设计内容将是我们基于生活进行中学物理教学活动策划与设计的基本的、重要的内容．

在本篇的最后一章内容中，我们介绍了基于生活的中学物理教学设计应注意的问题，这部分内容，使得本书所介绍的几个关键的教学设计内容更具有情境感，更贴近物理现象，更贴近生活实际．这种教学设计在学生学习物理知识、提升分析和解决问题能力的基础上，更聚焦于学生对物理学习兴趣的培养和实践创新能力的培养．

第一章　中学物理教学的目标设计

§2.1.1　中学物理教学目标设计概述

一、教学目标的概念及其与教学目的的关系

1．教学目标的概念

教学目标是指对学习者通过教学后应该表现出来的可见行为的具体和明确的表述．它是预先确定的、通过教学可以达到的，并且能够用现有技术手段测量的．

美国当代著名教育家、心理学家本杰明·布鲁姆(Benjamin Bloom，1913—1999)认为："有效的教学始于准确地知道希望达到的目标是什么，教师所期望的学生的变化便是教学目标；教学目标具体而言，就是用某种特殊方式，描述在教与学双边活动实践后，学生应当能做些什么，或学生应具备哪些特征."

教学目标是教学的灵魂，支配着教学的全过程，并规定着教与学的方向．因此，把握教学目标是实现有效教学的前提与关键．

2．教学目标与教学目的的关系

教学目标不同于教学目的．教学目的是教学过程结束时所要达到的结果，或教学活动预期达到的结果．它们的异同点主要有以下表现．

1)教学目标与教学目的的相同之处

第一，二者提出或制订的依据相同．教学目的的提出与教学目标的制订，都必须以课程标准为依据，都必须服从、服务于国家的教育目的．

第二，二者对教学所起的作用相同．二者都是教学过程的出发点和归宿点，都对落实课程标准、组织教学内容、确定教学重点、选择教学方法、设计教学过程等起着导向作用．

2)教学目标与教学目的的不同之处

第一，从提出或制订的依据看．教学目的的提出仅依据课程标准和教材的要求；教学目标的制订除依据课程标准和教材的要求之外，还要依据教学目标分类理论和教学实际水平．

第二，从着眼的主体看．教学目的着眼于教师的教，以教师为主体进行描述，是对教师活动的一种期望；教学目标则着眼于学生学习的结果，以学生为主体进行描述，是对学生学习行为、结果必须达到的要求的一种规定．

第三，从所使用的动词看. 对教学目的的描述一般采用“了解、领会、体会”或“掌握、应用”等词语，因而比较抽象、笼统、模糊，教学目的是否达到，不易测量；而教学目标的描述则多采用 “说出、归纳、说明”等行为动词，表义具体、明确，可操作性强.

第四，从作用的对象看. 教学目的只对教师的教有直接指向作用；而教学目标对教师的教和学生的学同时有直接的指向作用，能使教和学目标一致，把教和学较好地统一起来.

二者的主要区别见表 2.1.1.

表 2.1.1　教学目的与教学目标的主要区别

比较的内容 比较的维度	教学目的	教学目标
提出或制订的依据	课标、教材	课标、教材；教学目标分类理论、教学实际水平
着眼的主体	教师主体，教师的教	学生主体，学生的学
使用的动词	了解、领会、体会，掌握、应用； 笼统、不易测量	说出、归纳、说明； 具体、可测量
作用的对象	直接指向教师的教	直接指向教师的教、学生的学

二、教学目标设计的取向

美国课程论专家舒伯特(W. H. Schubert)将教学目标设计归结为四种取向：普遍性目标(global purposes)、行为性目标(behavioral objectives)、生成性目标(evolving purposes)、表现性目标(expressive objectives).

1．普遍性目标

(1)含义：是以抽象的、概括的、普遍的形式来陈述的课程与教学目标. 一般表现为教育宗旨、教育方针或教育目的. 它对各门学科都有普遍的指导价值.

(2)特点：一是普遍性，适用于各种各样的教学情境；二是模糊性，在表述上是模糊的、概括的、不具体的.

2．行为性目标

(1)含义：是以具体的、可操作的行为的形式陈述的课程与教学目标. 它指明课程与教学过程结束后学生身上所发生的行为变化.

(2)特点：精确、具体和可操作性.

3．生成性目标

(1)含义：不是事先规定的目标，而是在教育情境中随着教育过程的展开而自然生成的课程与教学目标. 又叫“形成性目标”“生长性目标”“展开性目标”.

(2)特点：生成性或过程性.

4．表现性目标

(1)含义：是指每一个学生在从事某种活动后所产生的个性化的表现. 所追求的不是答案的唯一性，而是表现的多元性.

(2)特点：个性化、开放性.

三、教学目标设计的原则

教学目标设计通常遵循科学性、系统性、全面性、层次性、操作性等原则. 具体如下.

1．科学性原则

以学生为主体，要从学生的认知、情感、态度、价值观等原有基础出发，确定合适的教学“最近发展区”. 要注意其实现的可能性. 各要点的教学目标通常应该选择位于学生的“最近发展区”内. 较高层次教学目标可以考虑设计成动态的若干中间目标，使目标具有发展性.

2．系统性原则

设计时要从系统论的角度整体上把握目标要求. 在制订教学目标时，应从教育的总任务出发，对任务作逐级分解，从而确定具体的和细化了的教学目标. 应从不同维度进行设计，使各类教学目标之间相互联系、相互促进，必须把它们组织成协调、自然的目标体系.

3．全面性原则

要面向全体学生的全面发展，教学目标的内容要全面. 包括三个方面的含义：一是既要制订面向全体学生的基本教学目标，又要针对学有余力的学生制订出有一定弹性的教学目标体系；二是知识、技能、情感、态度及价值观等领域的目标要有机地融合在一起；三是要体现开放性与多样性，以便识别和挖掘学生的各种潜能.

4．层次性原则

要注意目标的层次性，即课程目标—学年目标—单元教学目标—课堂教学目标. 在课堂教学中，每节课可能都包含三个维度的教学目标，但通常一节课要实现所有的目标不现实. 在制订教学目标时，优先选择具有关键性、迫切性的目标作为主干，对其他目标做出妥善的调整和安排. 从知识的记忆目标到理解与运用目标，再到发展能力、解决实际问题和情感体验目标等，由浅入深，层层递进.

5．操作性原则

设计课时教学目标时，必须明确、具体、有针对性. 要依据课程标准的要求，根据教材的内容和学生的认知结构、能力水平、生活阅历、兴趣、习惯等，把教学目标具体化，使其具有可操作性. 在制订教学目标时应该准确地选择和使用相应的行为动词，使其具有可操作性和评价功能.

四、教学目标的表述方式

依照教学目标设计的不同取向，教学目标的表述方式也有不同. 其中比较常用的表述方式有行为性目标与表现性目标.

1．行为性目标

行为性目标具体包括课堂教学目标的 ABCD 四个要素，它们的含义分别如下：

(1) **A 即 audience，意指“学习者”**. 它是目标表述句中的主语. 根据新课程教学的理念，制订课堂教学目标时，其描写应指向学生的学习行为. 规范的行为目标开头应当是行为主体即学生，例如，“学生……”，用“能解释……”“能写出……”“对……作出评价”“根据……对……进行分析”等描述.

(2) **B 即 behavior，意为“行为”**. 它是目标表述句中的谓语和宾语. 在新课程改革中，教学具体目标应采用可观察、可操作、可检验的行为动词来描述. 采用“说出”“解释”“说明”“分析”“评价”“讨论”“交流”等能直接反映学生活动的行为动词，要意义明确、易于观察、便于检验.

(3) **C 即 condition，意为“条件”**. 它要表明学生行为产生的条件，是目标表述句中的状语. 所谓条件，是指学生在什么情况下或什么范围内完成指定的学习活动，例如，“借助工具书……”“用所给的条件探究……”“通过小组合作讨论，制订……”“在网上搜集相关内容，体验……”等.

(4) **D 即 degree，意为“程度”**. 用来明确上述行为的标准. 它是指学生应当达到的最低表现水平，用来评价学生课堂学习结果的达成度. 例如，“能准确地说出……”“会具体地写出……”“客观正确地评价……”等表述中的状语和补语部分. 这样就限定了教学目标水平的表现程度，以便检测学生学习结果所要达到的程度.

运用行为性目标 ABCD 方法的表述，一般说来，一节课的教学目标要素包括行为主体、行为动词、行为条件和表现程度等四个要素. 在日常制订教学目标时，教师可以灵活掌握，有时可以省略行为条件和表现程度.

2．表现性目标

表现性目标旨在培养学生的创造性，强调个性化. 表现性目标不是规定学生在完成一项或多项学习活动后获得的结果，而是指明学生在学习过程中的具体表现. 在表现性活动中，教师要创设一个学习的情境，学生在此情境中获得其个人意义.

在上述两种目标中，行为目标更为侧重的是技术性，追求目标设置的具体性、可操作性，而表现性目标则更为注重价值性，把价值性置于技术性之上. 行为性目标把教师当作按既定程序操作教育过程的工匠，学生则被看作可以按照刺激-反应模式任意塑造的行为机体；表现性目标则把教师和学生看作教育过程、教育情境的共同创造者，学生是自己发展的主体，教师是学生发展的促进者、评判者、指导者，与行为目标相对.

五、中学物理教学目标

中学物理教学目标是指教师通过物理教学实践活动，期望学生所达到的学习标准或者发生的行为变化. 这种变化包括知识、技能、行为、态度与情感等方面.

1. 三维教学目标

三维教学目标是指教育教学过程中应该达到的三个目标维度：知识与技能(knowledge & skills)，过程与方法(process & steps)，情感态度与价值观(emotional attitude & values). 三维目标是一个教学目标的三个方面，而不是三个独立的教学目标，它们是统一的不可分割的整体.

(1) **知识与技能目标：**主要包括人类生存不可或缺的核心知识和学科基本知识以及基本能力(包括获取、收集、处理、运用信息的能力，创新精神和实践能力，终身学习的愿望和能力).

(2) **过程与方法目标：**主要包括人类生存所不可或缺的过程与方法. 过程指应答性学习环境和交往、体验. 方法包括基本的学习方式(自主学习、合作学习、探究学习)和具体的学习方式(发现式学习、小组式学习、交往式学习……)以及学习科学方法等.

(3) **情感态度与价值观目标：**情感不仅指学习兴趣、学习责任，更重要的是乐观的生活态度、求实的科学态度、宽容的人生态度. 价值观更强调个人价值和社会价值的统一；更强调科学价值和人文价值的统一；更强调人类价值和自然价值的统一，从而使学生内心确立起对真善美的价值追求以及人与自然和谐可持续发展的理念.

在教学中，既不能离开情感态度与价值观、过程与方法的知识与技能的学习，也不能离开知识与技能的情感态度与价值观、过程与方法的学习. 在教学实践中，三维课程目标应是一个整体，三个方面互相联系，融为一体.

2. 物理学科核心素养

按照最新的课程方案，课程目标是着力培养学生的核心素养. 物理学科的核心素养是学生在接受物理教育过程中逐步形成的适应个人终身发展和社会发展需要的必备品格和关键能力，是学生通过物理学习内化的带有物理学科特性的品质，是学生科学素养的关键成分. 高中物理新课标要求，通过中学物理教学，学生应获得的物理学科核心素养包括以下四大类.

1)物理观念

形成物理基本观念. 从物理学视角形成关于物质、运动与相互作用、能量等的基本认识，是物理概念和规律等在头脑中的提炼和升华. “物理观念”包括物质观念、运动与相互作用观念、能量观念及其应用等要素.

教学目标描述：

(1)形成经典物理的物质观、运动观、能量观、相互作用观，并且能用来解释自然现象和解决实际问题；

(2)初步具有现代物理的物质观、运动观、能量观、相互作用观，能用于描述自然界的图景.

2)科学思维

形成良好科学思维. 科学思维是从物理学视角对客观事物的本质属性、内在规律及相互关系的认识方式，是基于经验事实建构理想模型的抽象概括过程，是分析综合、推理论证等科学思维方法的内化，是基于事实证据和科学推理对不同观点和结论提出质疑、批判，进而提出创造性见解的能力与品质. “科学思维”主要包括模型建构、科学推理、科学论证、质疑创新等要素.

教学目标描述：

(1)具有构建理想模型的意识和能力；

(2)能正确使用物理思维方法,从定性和定量两个方面进行科学推理、找出规律、形成结论，并能解释自然现象和解决实际问题；

(3)具有使用科学证据的意识和评估科学证据的能力,能使用证据对研究的问题进行描述、解释和预测；

(4)具有批判性思维的意识，能基于证据大胆质疑，从不同角度思考问题，追求科技创新.

3)实验探究

掌握科学探究方法. 提出物理问题，形成猜想和假设，获取和处理信息，基于证据得出结论并做出解释，以及对实验探究过程和结果进行交流、评估、反思的能力. “实验探究”主要包括问题、证据、解释、交流等要素.

教学目标描述：

(1)具有科学探究的意识，能发现问题、提出合理猜测；

(2)具有设计实验探究方案和获取证据的能力，能正确实施实验探究方案，使用各种科技手段和方法收集信息；

(3)具有分析论证的能力，会使用各种方法和手段分析、处理信息，描述、解释实验探究结果和变化趋势；

(4)具有合作与交流的意愿和能力，能准确表达、评估和反思实验探究过程与结果.

4) 科学态度与责任

培养正确科学态度. 在认识科学本质，理解科学、技术、社会、环境(STSE)的关系基础上逐渐形成的对科学和技术应有的正确态度以及责任感. “科学态度与责任”主要包括科学本质、科学态度、科学伦理、STSE 等要素.

教学目标描述:

(1) 能正确认识科学的本质;

(2) 具有学习和研究物理的好奇心与求知欲，能主动与他人合作，尊重他人，能基于证据和逻辑发表自己的见解，实事求是，不迷信权威;

(3) 在进行物理研究和物理成果应用时，能遵守普遍接受的道德规范;

(4) 理解科学、技术、社会、环境的关系，热爱自然，珍惜生命，具有保护环境、节约资源、促进可持续发展的责任感.

3．核心素养与三维目标之间的逻辑关系

我国的基础教育课程改革走过了从“双基(基础知识、基本技能)”到“三维目标(知识与技能、过程与方法、情感态度与价值观)”的转变，新一轮高中课程改革是在“三维目标”的基础上提出以“核心素养”来统领.

如果把落实“双基”看作课程目标的 1.0 版，那么三维目标就是 2.0 版，核心素养就是 3.0 版. 实际上，核心素养属于知识、技能和态度等方面的综合表现，是知识、能力、态度与价值观等方面的融合.

核心素养是与时俱进的国家教育总目标的具体化，是高中课程体系和各学科教学目标制订的依据. 核心素养可以更好地纠正过去教育的偏差，比前一轮课程改革提出的三维目标更适合当今社会的发展.

§2.1.2　中学物理教学目标设计过程

一、中学物理教学目标设计的主要依据

1．课程标准

物理课程目标规定着物理学科的基本要求，而课堂教学目标则是课程目标的具体化，是实现课程目标的具体手段，因此，物理课程标准是教师制订课堂教学目标的直接的基本依据.

物理课程标准规定了课程性质、课程基本理念、课程设计、课程目标、内容标准以及课程的实施建议.

2．教材内容

教学目标的确定既要实现课程标准的最低要求，又要考虑到对教科书资源的选择和利用问题.

教材是依据课程标准编写的、系统反映学科内容的教学用书，是课程标准的具体化. 随着科技和教学手段的现代化，教学内容的载体也多样化了. 比如指导书和补充读物、教学辅助用具、教学程序软件包等.

3．学生特征

不同的学生有不同的学习需要，必须对学生的学习需要、情感需要、兴趣、心理特征等进行分析，在了解学生的认知结构、学习兴趣等的基础上进行教学目标设计.

对学生特征的分析就是学情分析，是对学生在学习方面的特点、学习方法、习惯、兴趣、成绩等的分析.

4．教学环境

教学环境是完成教学目标所需要的物质条件(如媒体设备、实验器材、学习环境等资源).

教学环境是由多种不同要素构成的复杂系统. 广义的教学环境是指影响学校教学活动的全部条件(包括物质的和精神的)，它可以是物理环境和心理环境；狭义的教学环境特指班级内影响教学的全部条件，包括班级规模、座位模式、班级气氛、师生关系等.

二、中学物理教学目标设计的一般步骤

基于物理三维教学目标来设计教学目标，要遵循教学目标设计的依据，依次分别设计出知识目标、能力目标、情感态度目标.

基于物理核心素养进行教学目标设计，要从四大类(物理观念、科学思维、实验探究、科学态度与责任)共计 14 个方面描述、建构基于核心素养的教学目标. 具体的某节课的教学目标，要根据教学实际，可能只有其中几个主要的方面. 这些核心素养是建立在物理学科的基础上或以物理学科为载体来实现的.

三、中学物理教学目标编写的四要素

(1) **行为主体**——学习者. 规范的行为目标开头应是“学生要……，学生应该……”等.

(2) **行为活动**——用行为动词描述学生所形成的可观察、可测量的具体行为. 如“认出、辨别、比较、绘制、讨论、交流”等.

(3) **行为条件**——影响学生产生学习结果的特定的限制或范围. 条件表述有四种类型：一是允许或不允许使用手册与辅助手段；二是提供信息与提示，如“给出……，能独立操作……”；三是时间的限制，如“在十分钟内……”；四是完成行为的情境，如“在课堂讨论时，能叙述……要点”.

(4) **行为标准**——学生对目标所达到的最低表现水准，用于评测学习结果所达到的程度.

四、注意的几个方面

通常情况下，教学目标的设计及描述会出现以下问题，应加以克服：

(1) 教学目标的主体是学生，而不是教师. 例如，“使学生树立……观点”“培养学生的动手能力”“让学生知道 ……”等，主体都不是学生.

(2) 教学目标的行为动词须是具体的和可测量的，而不能是抽象的、含糊的等. 例如，要尽量避免用“懂得”“提高”“体会”“领悟”等含义不容易确切把握的词，缺乏质与量的规定性，很难操作和测量. 最好用“能区分出”“能说出”“能比较分析出”等.

(3) 目标不全，目标知识水平的要求定位不准.

(4) 教学目标设计千篇一律，缺乏个性.

第二章　中学物理教学的策略设计

§2.2.1　中学物理教学策略设计概述

一、教学策略的概念

在《辞海》中，“策略”一词指“计策谋略”；普遍性的意义上，策略涉及的是为达到某一目的而采用的手段和方法. 在教学过程中使用教学策略，可以激励学生产生创造性思维.

我国学者对教学策略的研究开始于20世纪80年代，其中有些学者对教学策略的含义提出了自己的见解. 这些界定既呈现出一些共性，又表现出一些明显的分歧. 尽管对教学策略的内涵存在不同的认识，但在通常意义上，人们将教学策略理解为：教学策略是指在教学过程中，为完成特定的目标(达到特定的结果)，依据教学的主客观条件，对所选用的教学顺序、教学活动程序、教学组织形式、教学方法和教学媒体等的总体考虑. 也就是说，教学策略是在教学过程的各个环节中使用的指导思想和方法.

中学物理教学策略是实施物理教学过程的教学思想、方法模式、技术手段这三方面动因的集成，是教学思维对其三方面的动因进行思维策略加工而形成的方法模式. 物理教学策略是为实现物理教学目标而制订的、付诸教学过程实施的整体方案，它包括合理组织教学过程，选择具体的教学方法和材料，制订教师与学生遵守的教学行为程序.

二、教学策略、教学方法、教学模式的区别与联系

教学策略、教学方法、教学模式这三个名词既有紧密的联系，又有明显的区别. 为了帮助学生对教学策略这一概念有明确的认识，有必要对这三个概念予以厘清.

教学模式是在一定的教育思想、教学理论和学习理论指导下，为完成特定的教学目标和内容而围绕某一主题形成的比较稳定且简明的教学结构理论框架及其具体可操作的教学活动方式. 教学模式具备以下特点：

(1) 在一定理论指导下；

(2) 需要完成规定的教学目标和内容；

(3) 表现一定的教学活动序列及其方法策略.

教学策略和教学模式的区别与联系见表2.2.1.

表 2.2.1 教学策略和教学模式的区别与联系

区别	联系
教学模式依据一定的逻辑线索指向整个教学过程，具有相对的稳定性. 教学策略本身是灵活多样的，结构性显得不足，往往指向单个的或局部的教学行为	都是教学规律、教学原理的具体化，都具有一定的可操作性

教学方法是指“教师和学生为了实现共同的教学目标、完成共同的教学任务，在教学过程中运用的方式与手段的总称”.

教学策略和教学方法的区别与联系见表 2.2.2.

表 2.2.2 教学策略和教学方法的区别与联系

区别	联系
教学策略不仅表现为教学的程序，而且还包含对教学过程的元认知，即自我监控和自我调整，在外延上大于教学方法	教学方法是师生互动的方式和措施，最具体，最具可操作性，某种程度上可以看作教学策略的具体化； 教学方法是在教学原则的指导下，在总结经验的基础上形成的，具有一定的独立性，其形成和运用受到教学策略的影响

显然，通过对教学策略、教学方法、教学模式三个概念的辨析，从某个角度来说，三个概念从“大”到“小”依次应该为：教学模式、教学策略、教学方法.

三、中学物理教学策略的特点

中学物理教学策略的特点主要体现在以下六点.

1．教学行为的指向性

教学策略是为实际的教学服务的，是为了达到一定的教学目标和教学效果. 目标是教学整个过程的出发点. 教学策略的选择不是主观随意的，而是指向一定的目标. 任何教学策略都指向特定的问题情境、特定的教学内容、特定的教学目标，规定着师生的教学行为.

2．结构功能的整合性

教学过程是一个彼此之间相互联系、相互作用的整体，其中的任何一个子过程都会牵涉到其他过程. 因此，在选择和制订教学策略时，必须统观教学的全过程，综合考虑其中的各要素. 教学策略不是某一单方面的教学谋划或措施，而是某一范畴内具体教学方式、措施等的优化组合、合理构建、和谐协同.

3．教学策略的可操作性

任何教学策略都是针对教学目标的每一个具体要求而制订的，具有与之相对应的方法、技术和实施程序. 它要转化为教师与学生的具体行动，就要求教学策略必须是可操作的. 教学策略就是达到教学目标的具体实施计划或实施方案，并且可以转化为教师的外部动作，最终通过外部动作来达到教学目标.

4. 应用实施的灵活性

教学策略不是万能的，不存在一个能适应任何情况的教学策略. 同时，教学策略与教学问题之间的关系也不是绝对的对应关系. 同一策略可以解决不同的问题，对不同的学习群体也会产生不同的教学效果.

5. 教学策略的调控性

教学活动的元认知就是教师对自身的教学活动的自觉意识和自觉调节，教师能够根据对教学的进程及其各种要素的认识反思，及时把握教学过程中的各种信息，及时反馈和调整教学的进程及师生相互作用的方式，推进教学的展开，向教学目标迈进.

6. 策略制订的层次性

教学具有不同的层次. 不同的教学层次就有不同的达到教学目的的手段和方法，也就有不同的教学策略. 另外，不同层次的教学策略之间尤其是相邻层次的教学策略之间是相互联系的. 高一层次的策略可分解为低一层次的教学策略，指导和规范低一层次的教学策略.

四、中学物理教学策略的类型

对中学物理教学策略分类的标准和方法很多. 按照学习与教学方式，将中学物理教学策略分为传统教学策略和自主学习策略.

传统教学策略主要有：五步教学策略、九段教学策略、先行组织者教学策略、假设-推理教学策略、示范-模仿教学策略等.

自主学习策略主要有：支架式教学策略、抛锚式教学策略、随机进入教学策略、启发式教学策略、自我反馈式教学策略、基于因特网的探索学习策略、探究型教学策略、课堂讨论、角色扮演、竞争、协同和伙伴等.

§2.2.2　中学物理教学策略设计过程

一、中学物理教学策略设计的依据

中学物理教学策略设计的依据主要包含以下几个方面.

1. 课程标准

物理课程标准规定着物理学科学习和教学的基本要求，是指导教学的纲领性文件，因此物理课程标准是教师制订课堂教学策略的基本依据.

2．教学目标

物理教学目标是物理教学中教学策略的构成要素之一，是运用物理教学中教学策略所要达到的教学效果. 教学策略运用得恰当与否也要看目标的达成情况.

3．教学内容

教学内容本身的特点是选取教学策略的最重要依据之一. 比如在中学物理教学中，同样是概念教学，却可以或必须采用不同的教学策略，因为概念有不同属性.

4．学生特征

学生是拥有独自特征的个体，他们在知识储备、思维能力、心理特点、学习态度等方面都会有差异，中学生有一定的学习基础，并逐渐形成了自己的见解和一套方法. 在制订和选择教学策略时，可以针对各类学生所占的比例适当倾斜、调整，来提高整体的学习水平.

5．教师特征

在什么情况下采取什么样的策略更为恰当，不仅取决于教学内容本身，还取决于教师的教学风格，即对教学内容的不同处理格调. 一定要遵循教学过程最优化的准则.

6．教学设备

分析完成教学目标所需要的教学设备，物理教学设备包括物理教具(模型、标本和图表等)、物理实验设施和电教设施.

7．教学策略的适用范围和使用条件

每种教学策略都有各自的适用范围和使用条件，同时又有各自的优点和局限. 某种教学策略对于某种学科或某一课题有效，但对另一课题或另一种形式的教学可能是完全无用的.

8．教学时间及效率要求

使用教学策略的一个重要目的就是提高教学效率，提高教学质量，实现教学的最优化. 教学的最优化就是要求以最少的时间取得最佳的教学效果.

二、中学物理教学策略选用的原则

选用中学物理教学策略应遵循的原则有以下几个.

1．符合认知原则

学生学习的认识过程和人类获得知识过程的一致性说明：只有遵循知识发展过程的教学，充分揭示知识认识的思维活动，才能使学生按照人类认识的一般规律，进行有效的学习.

2．符合教学原则

反映人们对教学活动本质性特点和内在规律性的认识，是指导教学工作有效进行的指导性原理和行为准则．如直观性原则、启发性原则、循序渐进原则、理论联系实际原则、因材施教原则等．

3．符合教学目标

教学是否有效，其中最重要的观察点就是教学目标是否实现．所以判断在教学中教学策略运用得恰当与否就是要看教学目标是否实现．

4．符合内容特点

从不同的角度，对学习内容有不同的分类方法．知识的获得的心理过程，在头脑中的表征、保持与激活的特点有重要的不同．不同知识需采用不同的教学策略，才能有效地被表达和理解．

5．符合教师和学生特征

对教学方法的选择和运用必须立足于学生的特点，充分考虑到学生的可接受性和适应性，从而使教学方法的运用取得预期的效果．主要指心理特征与知识基础．一个好的教学策略，如果教师不能正确使用，则不能在教学中产生好的效果，甚至适得其反．所以对教学策略的选择还要符合教师的特征．

6．符合教学环境

教学环境为教学策略的选择提供了一定的物质和信息基础，对教学策略与方法具有制约作用．因而，教学策略的选择和运用就必须符合客观的教学环境．

7．符合高效教学

判断教学策略运用是否得当，还需要看高效课堂是否实现．

三、中学物理教学策略设计的一般程式

为了正确有效地进行中学物理教学策略设计，必须对中学物理教学策略设计的过程和环节有一个正确的认识和理解．

中学物理教学策略设计的一般程式如图 2.2.1 所示．首先，教师进行教学任务的分析，通过对课程标准、本节课的具体要求及教学的整体安排和进度进行深入分析，从而明确单元教学目标；其次，在对实际教学条件、所教学生认知水平及教学内容分析的基础上，综合确定本节课的课堂教学目标，要注意的是对教学目标的确定，应非常具体；最后，教师还需要对教学内容选用什么样的教学策略更能提高教学效率，各种教学策略的优缺点，以及自己的特征进行分析，综合确定本节课的教学策略，最终完成教学策略设计．

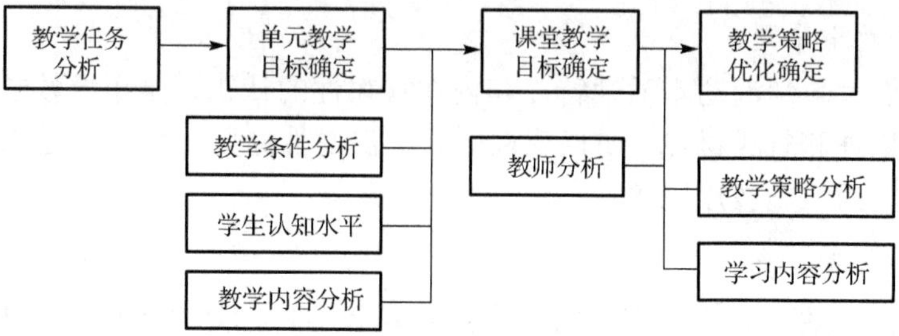

图 2.2.1　中学物理教学策略设计的一般程式

第三章　中学物理教学的过程设计

§2.3.1　中学物理教学过程及其构成要素

充分认识中学物理教学过程的概念与本质，深入分析中学物理教学过程的特点、构成要素和功能，掌握中学物理教学过程的基本规律，对于搞好中学物理教学过程设计与提高中学物理教学质量具有十分重要的意义.

一、中学物理教学过程的概念、本质及其特点

1．中学物理教学过程的概念与本质

处在不同时代和不同角度，人们对教学过程有不同的认识和理解，对其概念也有不同的表述. 钱旭鸯等认为，教学过程是为实现教学任务和达成教学目标，通过对话、沟通和合作，推进教学活动的进程，其基本环节和内在逻辑结构都是动态的. 也有研究认为，教学过程是教师行为和学生行为相结合、相统一的过程，是师生相互交往、积极互动、共同发展的过程，是对人类已有知识、经验的认识过程，是探究和改造主观世界、形成和发展个性的实践活动的统一过程. 谢利民等则认为，教学过程就是以师生相互交往的形式进行的，以教材内容为主要认识对象，实现教学、发展和教育三大功能和谐统一的特殊认识和实践活动过程.

教学过程在本质上属于一种特殊的认识过程. 教学过程的本质，是指教学过程所固有的、与非教学过程区别开来的根本属性. 教学过程作为一种认识过程有其特殊性，主要表现在：师生以课堂为主渠道的交往过程；学生学习间接经验；学生的认识在教师的引领下进行；教养与教育的统一；学生认识的过程同时是学生在德、智、体、美等方面全面发展的过程.

阎金铎等指出：中学物理教学过程，是根据一定的培养目标、教学目标和学生身心发展的特点，在教师的引导下，运用各种教学手段和方法；是学生通过各种活动认识物理世界，掌握物理学科的基本结构，训练基本技能，促进智力、能力和非智力因素的全面发展，培养良好道德品质的过程.

2．中学物理教学过程的特点

物理学是一门以观察和实验为基础的自然科学，它研究物质最基本、最普遍的运动形态和物质基本结构、相互作用及其运动基本规律. 它是由基本概念、基本规律和理论组成的体系严谨的、精密定量的科学.

中学物理教学过程的主要特点由一般教学过程的特点、物理学科本身的特点以及中学物理教学的目的任务三方面因素决定.

物理概念的形成由三大要素组成：概念形成的基础(感知活动、观察实验、经验事实)、概念形成的形式(概念结构、数学结构、知识结构)以及概念形成的方法(问题解决、科学方法、观察证实). 这里所说的科学方法是指人们在认识和改造世界中遵循或运用的、符合科学一般原则的各种途径和手段，包括在理论研究、应用研究、开发推广等科学活动过程中采用的思路、程序、规则、技巧和模式. 在心理学中，主要指利用科学思维从事科学研究，从而得出所研究对象的本质和规律.

此外，中学物理教学过程要求，要致力于培养中学生的物理核心素养，即从物理观念和应用、科学探究和交流、科学思维和创新、科学态度和责任四个维度对教学过程进行设计.

二、中学物理教学过程的构成要素与主要矛盾

1. 中学物理教学过程的构成要素

教学过程是由多种要素组成的复杂的教学系统. 如图 2.3.1 所示，教学过程的构成要素包括教师、学生、教学内容、教学材料、教学目的、教学方法和手段、教学环境与教学氛围等，有人认为还应包括课程、反馈评价等. 教师、学生与教学内容是教学过程中最基本、最主要的因素，也是构成教学过程的核心要素. 对中学物理教学过程而言，其核心要素就是物理教师、学生以及物理教学内容(物理世界).

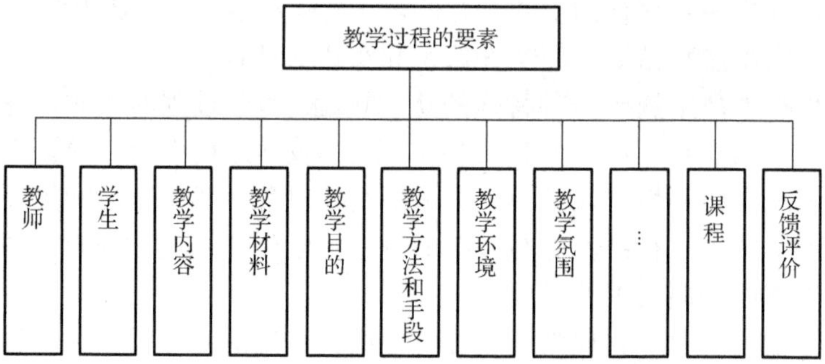

图 2.3.1　教学过程的构成要素

既然教学过程本质上是一种特殊的认识过程，那么，作为认识就应该包含认识的主体和客体. 教学过程的主体是学生；客体是物理世界，即学生学习和认识的物理学内容.

教学过程中，面对物理世界，学生始终处于主体地位，学生必须通过自己主动地与物理世界相互作用，自主构建知识，别人只能引发，不能代替. 学生与物理环境的相互作用中，应完全处于主动地位，成为教学的焦点.

起主导作用的教师，应想方设法创造一种以学生为主体的物理学习环境，营造物理学习氛围，让学生在合适的物理学习环境中受到全面的物理基本训练，从而使其取得科学知识、培养其科学态度、使其掌握科学方法和技能、发展其科学思维. 因此，教学过程设计中，一定要充分考虑这些因素对教学的影响.

2．中学物理教学过程的主要矛盾

由教师、学生和教学内容这三个核心要素形成的教学过程，其基本矛盾有三对，即教师与教学内容的矛盾，教师与学生的矛盾，以及学生与教学内容的矛盾，见图 2.3.2. 教学的过程实际上就是这些矛盾相互作用、不断产生又不断解决的过程.

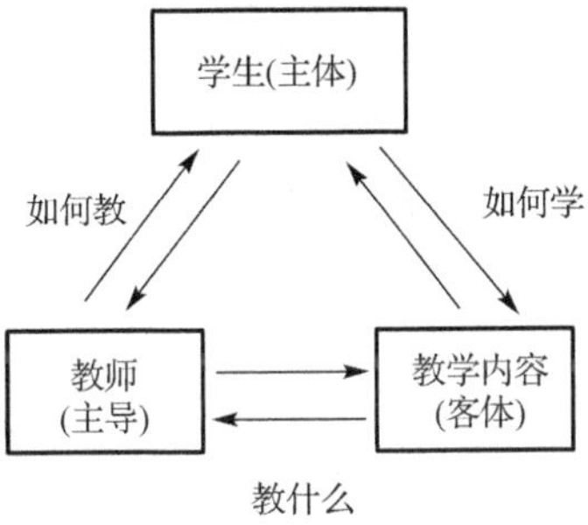

图 2.3.2　教学过程的三对基本矛盾

1) 教师与教学内容的矛盾

教师与教学内容的矛盾表现在对教师的两方面挑战：一方面，教师如何适应现代教学内容对自身专业素养的要求，如何更新自己的知识储备，补充新的现代的教学内容与研究新成果；另一方面，教师如何提高自己的教学技艺，更新教学手段，使教学内容能高效而容易地为学生所接受. 因此，在教学过程设计中，要充分考虑到这对矛盾对教师的要求，教师要迅速适应要求，通过高质量的教学过程的设计展示自己的教学能力.

2) 教师与学生的矛盾

作为教学过程设计者、教学过程的“导演”、学生学习指导者的教师，在教学设计中，应充分体现学生的主体作用和主人翁精神，正确处理教与学之间的关系；要体现“教师的教是为了学生更好的学，学为第一，教为第二”的新理念. 要发挥教师的设计者、组织者、指导者、合作者的作用. 教学过程设计中，要体现师生共同参与、合作完成教学的设计理念.

3) 学生与教学内容的矛盾

学生与教学内容的矛盾体现在：学生已有的认知能力、知识储备以及经验与教学内容对学生的客观要求之间的矛盾. 在教学过程设计时，教师要提前对学生及教学内容有详尽的了解，即做好学情与教学内容分析，要对教学过程可能出现的冲突与问题有预设、有预案. 要在教师的协调指导下，尽可能使学生的学习能力与学习内容的要求做到恰当对接.

解决以上三对矛盾，从根本上讲，就是在教学过程设计中，解决教师、教学内容、学生三者之间的教师“如何教”“教什么”与学生“如何学”“学什么”的问题. 其中，学生“如何学”是关键.

三、中学物理教学过程的功能与规律性

1. 中学物理教学过程的功能

中学物理教学过程是一个复杂的教学系统，这个系统由多种要素构成，这些要素之间的密切联系必然形成教学过程的整体功能. 简单地说，所谓教学过程的功能，是指参照教学目标而在教学过程中能收到的实际效果. 中学物理教学过程的主要功能包括教学功能、教育功能和发展功能，见图 2.3.3.

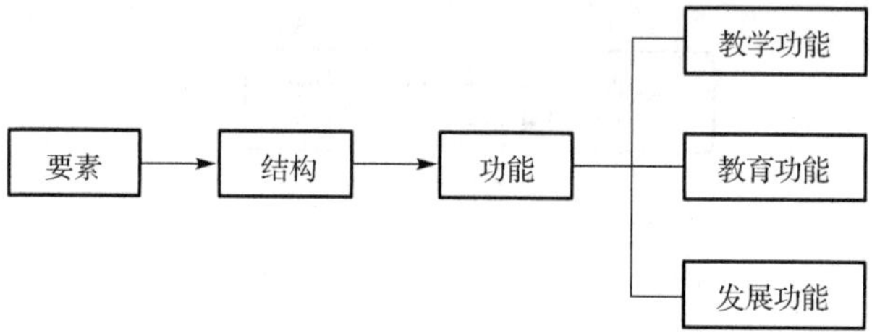

图 2.3.3　中学物理教学过程的主要功能

1) 教学功能

教学功能亦称为传承知识功能，是指通过教学，让学生掌握与传承知识、获得技能和技巧. 教学功能是教学过程最基本、最主要的功能. 在教学过程中，学生通过学习能够科学地认识世界，为未来改造世界打下坚实基础.

2) 教育功能

教育功能是指在教学过程中，学生的思想情感、道德品质等方面得到了相应的变化与发展. 通常所说的教书育人功能就是指教学过程的教育功能. 有效发挥教育功能要求教师在传授给学生知识的同时，将育人功能渗透于教学过程，使学生的思想道德修养得到健康发展.

3) 发展功能

发展功能是指通过教学过程可以促进学生智力与能力、情感与意志、个体与体魄的健康发展. 学生的发展过程与教学过程密切联系，发展功能与教学功能也密切联系. 掌握知识是发展智力与能力的基础，而智力、能力又是在掌握知识的过程中形成和发展的.

教学过程的三大功能相辅相成，相互影响. 其中，教学功能是基础、根本，建

立在教学功能之上的发展功能与教育功能不可偏废. 教学过程的三大功能要求学生既要学好基础知识，也要注重在教学过程中进行体验，在经历学习过程中发展智力和能力，形成正确积极的情感态度与价值观，要提高思想道德品质. 教学过程设计时，要围绕这些功能来设计高质量的教学过程.

2. 中学物理教学过程的规律性

中学物理教学过程也有其规律性. 所谓教学过程的规律性，是指教学过程所表现出的本质上的、固有的客观规律性.

中学物理教学过程的规律性主要表现为：认识性、双边性、教育性以及发展性，见图 2.3.4.

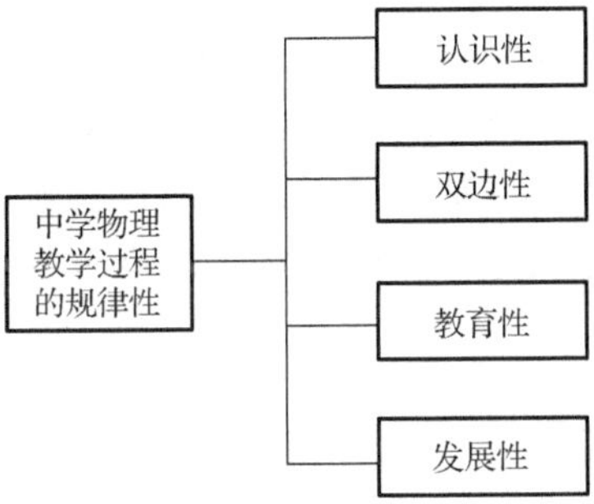

图 2.3.4 中学物理教学过程的规律性

1) 中学物理教学的认识性规律

教学过程本身就是学生认识的过程. 因而，对学生而言，学习物理知识的过程就是学生从未知到已知，从知之少到知之多的转化过程. 学生是认识的主体，物理内容是认识的客体. 因此，中学物理教学过程设计中，要使教学过程遵从认识的规律性，要按照学生的认识规律办事，教学内容要按照由简到繁、由易到难、由感性到理性的认识规律设计.

2) 中学物理教学的双边性规律

教学的双边性是指教学过程充分体现了“教师的教与学生的学”两种活动的统一. 教学过程就是教师引导学生学习的过程. 教师的主导作用是外因，学生的自主学习是内因，教师的主导作用必须与学生学习的主动性相结合. 现代教学理念要求教学过程设计中，要突显教与学的真实互动，要提倡共同参与、合作与分享，师生共同完成教学任务的教学过程设计.

3) 中学物理教学的教育性规律

任何教学始终具有教育性. 教学的教育性规律，要求教学过程设计中要使教师给学生在思想观点、道德品质、科学态度、情感态度与价值观等方面以正面的影响，使学生在学好文化知识的同时，能够健康成长. 教学的教育性反映了学科知识教学与思想道德品质教育之间的本质关系.

4) 中学物理教学的发展性规律

教学是为了学生的发展，要最大限度地促进学生的发展. 教育学中的发展是指学生的一般心理发展. 其中，包括学生智力发展、能力发展以及兴趣、情感、意志和个性等方面的发展，也就是包括智力因素与非智力因素的发展. 教学的发展性反映了教学与学生身心发展的本质关系. 因此，在中学物理教学过程设计时，要重视物理思想与方法的教学，要让学生在经历学习物理的过程中，得到有效发展和全面发展.

§2.3.2 中学物理教学过程的设计方法

中学物理教学过程是体现课程理念、实现课程目标的创造性过程. 教学过程的设计是整个教学设计的核心部分，也是形成教案的基础和实施教学必不可少的环节.

那么，教学过程的设计应遵从哪些原则？应包含哪些主要环节？应注意哪些问题？如何利用流程图和设计表来设计中学物理教学过程？等等，这些都是本节要逐一解决的问题.

一、中学物理教学过程设计的原则

中学物理教学过程设计应遵循一定的理念和设计原则. 总的来说，进行中学物理教学过程设计，要体现四个“突出”的原则.

1. 要突出以核心素养为主旨的课堂目标

教学的发展性规律要求教学过程设计要体现最大限度地促进学生的身心发展. 新的高中物理课程标准要求，教学要提升学生综合素质，着力发展核心素养，面向全体学生，培养德、智、体、美、劳全面发展的人.

进行中学物理教学过程设计时，要将核心素养与学生发展有机结合，科学构建学生的发展目标体系；要培养能够适应终身发展和社会发展需要的必备品格和关键能力，除掌握基本的物理知识与技能外，还应包括学生理解、掌握物理过程的规律与解决问题的方法，培养学生的物理观念、科学思维、科学探究以及科学态度与责任，以获得学生身心的全面发展.

2. 要突出以学生学习为中心的学习过程

教学过程包含两个方面，即教师的教和学生的学. 传统教学中，教学以教师的教为中心，教师教什么、怎样教，学生就学什么、怎样学. 学生跟着教师走，教师围绕教材教. 新理念的教学倡导，教学以学生的学为中心，以学生的发展为中心. 在教与学的关系中，教师的教是为了学生的学，以学定教，教学活动始终围绕着学生的学习展开.

学习是学生认知活动的过程，任何人不能代替. 教学过程必须是学生主动的学习过程. 应精心设计学生的活动过程，让学生亲历物理探究过程，如实验、观察、查阅资料、解释、讨论、交流与合作等. 要让学生在活动中发生与能力培养相关的行为，从而完成教学任务，实现教学目标.

3. 要突出以概念理解为重点的物理过程

物理概念不仅是物理基础知识的重要组成部分，而且是发现物理规律和完善物理理论的基础和前提. 对物理概念的认识和理解是中学物理教学内容的重中之重，中学物理教学设计要突出以概念理解为重点的物理过程设计.

物理概念是建立在大量观察、实验基础上的，是对物理现象和过程的抽象描述. 进行中学物理教学设计时必须通过感知活动、观察与思考、经验事实等一系列活动，使学生获得研究问题的感性材料，然后再引导学生经历一系列的认识和思维加工，从而突破对物理概念的理解. 要让学生通过观察、交流、讨论等充分感知物理事实材料，在此基础上，对感知的事物和现象进行思维加工，从而揭示事物的本质，最后形成概念.

4. 要突出以物理探究为代表的教学方式

物理规律是自然界中事物发展变化的必然趋势. 物理概念是揭示物理规律的基础和前提. 物理概念和物理规律是构成物理学的基本单元，也是中学物理教学的中心环节.

为使学生形成物理概念和掌握物理规律，在中学物理教学过程设计中，要善于运用实验与探究，将学生引入探究物理规律的实验殿堂，让学生尽可能在实验环境、氛围中，通过亲自动手做、观察、测量、数据分析、思考，进而总结出物理规律. 在探究物理规律教学中，既要培养学生学会综合、分析等方法，又要引导学生深刻领会物理规律的物理意义，以及物理规律的适用范围与条件. 中学物理教学过程设计的原则见表 2.3.1.

表 2.3.1　中学物理教学过程设计的原则

原则 序号	突出的维度	突出的理念	突出的内容
1	课程标准	以核心素养为主旨	课堂目标
2	学生学习	以学生学习为中心	学习活动
3	学科内容	以概念理解为重点	物理过程
4	教师教学	以物理探究为代表	教学方式

二、中学物理教学过程设计的内容

1. 中学物理教学过程基本环节设计

根据教学过程推进的时序，传统中学物理教学过程一般包含六个基本环节. 这六个基本环节的设计主要是：学习情境的创设、教学内容的感知、教学内容的理解、知识的巩固、知识的运用以及课堂教学的检查评价等的设计，见图 2.3.5.

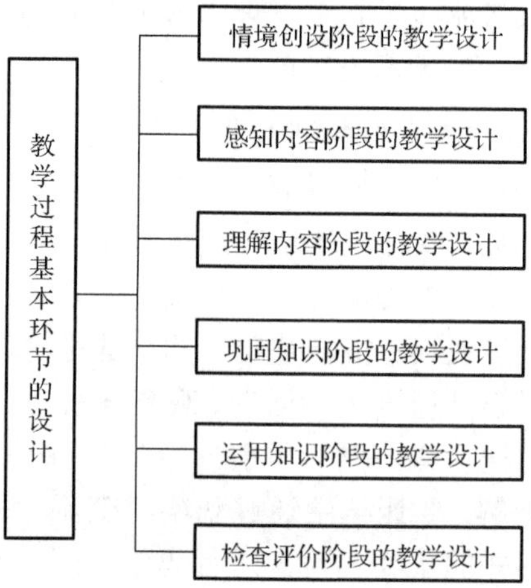

图 2.3.5　中学物理教学过程基本环节的设计

1) 情境创设阶段的教学设计

通过学习情境的创设，激活学生的学习动机，使学生在适当的学习情境中探索新知，促使学生形成主动探究、自主学习与科学思维的良好习惯. 在此阶段，教师要认真分析和研究教学内容，了解学生已有的知识和心理状态，摸清学生的个体差异(即教材分析与学情分析)，并充分利用学生的兴趣与好奇心，创设质疑、活动、讨论、竞争等学习情境，以唤起学生探究欲望，调动学生自主发现，激发学生求知热情，激励学生科学思维.

2) 感知内容阶段的教学设计

在感知内容阶段，要求教师根据教学内容选择并确定需要感知的对象，设计、组织学生参与感知活动，并有效地引导各组学生进行感知. 在此阶段，需要解决两个问题：①教师如何指导学生进行小组内周密的观察，把握物理现象的特征；②教师如何教会学生在感知过程中发现事物主要的、本质的东西.

3) 理解内容阶段的教学设计

在理解内容阶段，教师要根据教学内容的性质与知识学习的要求，选择合适的思维方式，设计各组学生同步参与教学活动的方式，促进学生形成概念、理解原理，以及掌握认识本质规律的方法. 同时，要考虑和设计如何激发、调动各小组学生积极讨论的态度、情感，促进学生发展个性品质，并形成一定的技能技巧.

4) 巩固知识阶段的教学设计

在巩固知识阶段，教师要根据教学内容的特点以及学生对知识理解的预分析，设计巩固训练的主要方式和基本内容，分析学生在理解与掌握新知识的过程中可能存在的主要问题和主要障碍，设计有针对性的、多样化的训练以及练习的主要方式和内容，以达到巩固学生对所学知识的有效理解与掌握的目的.

5)运用知识阶段的教学设计

在运用知识阶段，教师指导学生在巩固所学知识的基础上，通过应用知识的实践活动，拓宽、延伸已掌握的教学内容. 教师要根据实际教学环境和条件，结合具体教学内容的特点和应用知识的目标，为学生运用知识设计多种多样的方式，如小组练习作业、实验操作、分组实习考察等. 教学设计要灵活多样，为学生独立、灵活地运用知识创造条件.

6)检查评价阶段的教学设计

课堂教学检查评价阶段的设计，要着眼于发现和发展学生的潜能，特别是要关注学生在现有基础上的发展，关注学生的个性差异；还应注意评价方式的多样化，加强过程评价；引导学生学会自我检查和自我评价，使学生不断强化学习动机，逐步增强学习能力，努力使课堂教学过程中的评价活动，成为学生认识自己和教育自己的一种教育方式.

总之，由于教学过程的复杂性和多样性，在实际教学过程设计中，不仅要注重小组合作学习、探究学习的设计，还应因时、因地、因课、因人和因条件的不同，产生多种不同方式的教学过程设计方案，为更好达到预期教学效果提供前期保障.

2．中学物理教学过程设计的主要内容

除了从教学过程基本环节的维度对中学物理教学过程进行设计外，通常还要从教学过程的主要内容维度对中学物理教学过程进行设计. 对相关内容的设计主要包括：教学顺序设计、教学组织设计、学习方式设计、教学模式设计、教学方法设计、学习环境设计以及教学管理设计等七个方面，见图 2.3.6.

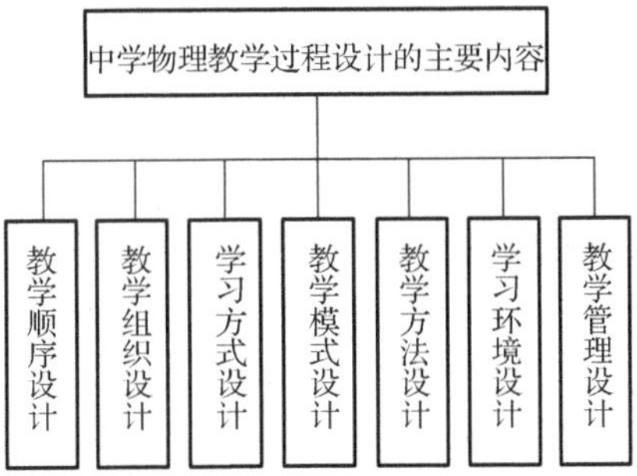

图 2.3.6　中学物理教学过程设计的主要内容

1)教学顺序设计

设计教学顺序也就是决定“先教(学)什么，后教(学)什么”. 可按照教学内容的前后逻辑关系、认识的逐步深入，也可按照设计者的特定情境的意图等安排教学顺序. 不同的学习任务和教学目标，有其特定的教学顺序和设计方法. 需要强调的是，教学顺序的设计只是相对的，在实际的中学物理教学过程设计中，教师要根据课堂教学情境的发展、变化，灵活调整既定的教学顺序.

2) 教学组织设计

教学组织是指为实现一定的教学目标，围绕一定的教学内容或学习经验，在一定时空环境中，通过一定的媒体，使教师与学生之间相互作用的方式、结构与程序. 按照教学单位的规模，教学组织形式可分为：个别教学、小组教学和班级授课. 班级授课制以课堂教学为基本形式，以课外教学和现场教学为辅助形式.

目前，比较流行的教学组织形式突出的特点是：小规模班级教学、多种教学组织形式综合运用、个别化教学、借助现代教育技术的网络教学等. 在教学过程设计时，教师要根据学校的实际，合理设计教学组织的形式.

3) 学习方式设计

学习方式是关于学生“怎样学”的问题. 新课程倡导自主学习、合作学习与探究式学习.

(1) **自主学习**. 是指学习者在学习动机、方法、时间、结果、环境等方面，均能由自己做出选择或控制，其学习是充分自主的. 要求能对自己的学习过程自我监控. 设计学习方式时，教师要充分考虑以上因素，确定是否选择该学习方式.

(2) **合作学习**. 是指以学习小组为基本形式，利用教学中动态因素之间的互动，促进学生的学习，以团体成绩为评价标准，共同达到教学目标的教学活动. 合作学习至少应包含五个要素：积极互赖、面对面的促进性相互作用、个人责任、社会技能、小组自评. 其基本程序是：教学目标呈现—集体教授—小组合作活动—测验—评价和奖励. 教师要策划好合作学习的过程，设计出真正高效的合作学习方式.

(3) **探究式学习**. 是指学生通过自主地参与知识的获得过程，掌握研究自然所必需的探究能力. 探究式学习的本质是让学生通过探究，经历发现问题、提出问题和研究解决问题的过程. 探究式课堂教学要素一般包括：提出问题、形成假设、制订方案、获取证据、做出解释以及评价交流等.

自主学习、合作学习与探究式学习，分别强调了学习的三个不同方面，即分别相对于他主学习、个体学习与接受学习而言；分别强调了学习的内在品质、组织形式以及学习手段、学习过程和学习方法. 教师要根据学校、学生的实际和教学内容的类型，合理选择不同的教学和学习方式.

4) 教学模式设计

教学模式是指在一定的教学思想或教学理论指导下，所形成的关于教学的理想意图及其实施方案. 任何一个完整、科学、有效的教学模式，都由理论基础、教学程序和操作方法三个层次构成.

从静态上看，教学模式是一种教学理论结构，揭示了某种教学活动所赖以建立的理论基础；从动态上看，它是一种教学活动结构或教学程序，揭示了某种教学活动各环节之间的内在联系；从实践上看，它又是一种教学方法系统，揭示了与某种教学活动相适应的、基本的教学策略或方法.

当代教学模式发展迅速，种类繁多. 诸如合作研讨模式、基于项目的教学模式、基于网络协作学习的教学模式、情境化教学模式，以及基于问题的教学模式(PBL)等. 教学过程设计时，教师要结合实际，合理选择适合自己和教学内容特点的教学模式.

5)教学方法设计

教学方法是指为实现既定的教学目标，在教学过程中，师生共同活动时所采用的一系列办法和措施. 教学方法的选择取决于不同的教学过程因素，诸如学习任务、学习者、教师、教学目标、教学环境以及教学组织形式等.

教学方法的相对性、针对性与多样性决定了教学方法选择的重复性和复杂性. 教学方法设计时，教师要综合考虑各个要素，合理选择适宜的教学方法，并进行优化组合，使教学达到最佳效果. 教师要将教学方法最优化贯穿于教学发展的始终.

6)学习环境设计

学习环境是指促进学习者发展的各种支持性条件(包括各种资源、工具、活动、师生关系等)的统称. 学习环境一般由活动、情境、资源、工具、支架、学习共同体和评价等七大要素组成. 各要素与学习者、教师具有密切的内在联系. 学习环境的设计要以为教学过程提供最佳效果为追求目标.

随着现代教育技术的飞速发展，要求教师将计算机技术、网络技术和人工智能等多种技术运用于教学过程，为学生的学习过程提供信息化学习环境. 同时，使学习环境表现出活动合作化、情境真实化、资源全球化、工具多样化、学习自主化、评价多元化以及师生关系交互化.

7)教学管理设计

教学管理是指师生共同参与，彼此交往，有目的、有计划和多维度地协调课堂内外各种因素，生成性地实现教学目标的活动. 它是建立有效教学的课堂环境、保持课堂互动、促进课堂生长的动态过程.

教学管理通常有三个层面的表现：①教学环境的管理，是指课堂中必要的物理环境条件，它要求诸如光线充足、卫生清洁、布置适宜、座位合理、过道畅通等；②教学制度的管理，是指课堂活动的程序和常规，并将其中一部分制定为课堂规则；③教学文化的管理，是指由教师理念、学生思想以及师生互动关系等整合而成的特有文化氛围，表现为独特的课堂氛围.

目前，对于教学管理具有两种不同的价值取向：一种是监督和控制学生，让学生遵守规范；另一种是引导和激励学生，让学生主动参与. 新课程理念崇尚激励和引导的价值取向，以更好地促进学生应对变化、学会思维，提高创造性和洞察力.

总之，就一节课的教学过程设计而言，不可能寻找一种固定化的教学过程内容和环节. 教学过程具有动态性，动态生成的教学过程并非一片混乱，而是有规律可循.

三、中学物理教学过程设计应考虑的主要问题

依据中学物理新课程标准的理念和要求，教师在中学物理教学过程设计中，除了对教学过程进行分析和对教学过程的主要内容与基本环节进行重点设计外，还应特别考虑如下几个方面的问题：

(1)精心设计中学物理教学过程，立足于激发学生的学习兴趣；

(2)使中学物理教学更贴近学生的生活实际，更联系社会实际；

(3)注重在教学过程中培养学生创新意识、创新精神与实践能力；

(4)教学过程设计应注重实验与探究在中学物理教学中的作用.

四、中学物理教学过程设计流程图与设计表

1. 中学物理教学过程设计流程图的编制

中学物理教学过程设计可以用流程图来表现. 流程图可简洁地反映分析和设计阶段的结果，表达教学过程，直观描述教学过程中教师、学生、课堂教学内容、物理课堂教学媒体等基本要素之间的关系.

使用流程图时，常用的符号规定见图 2.3.7.

符号	表示的意义
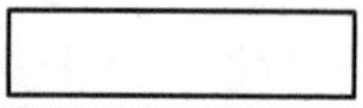	教师的活动
	媒体的活动
	学生的活动
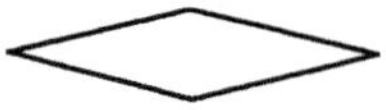	教师进行逻辑判断
	双边活动

图 2.3.7　教学流程图中常用的符号规定

2. 中学物理教学过程设计表

将中学物理教学过程的基本环节、教师的活动、学生的活动以及教学过程对应环节的设计意图等，按照教学过程流程用一个表格的形式记录下来，形成一个教学过程的设计表，见表 2.3.2.

表 2.3.2　中学物理教学过程设计表展示

教学过程	教师活动	学生活动	设计意图
一、创设物理情境，引入新课	设计实验、演示、情境……	观察…… 思考……的原因	学生通过教师情境教学的激发，产生了学习兴趣与欲望
二、展开新课内容 1. …… 2. …… ……	引导学生观察…… 分析…… 提问……	观察、实验……思考…… 分组回答问题	学生小组活动，通过……感知……
三、巩固练习	PPT 展示课堂习题	分组思考、讨论，并给出习题答案	学生通过习题巩固对知识的理解和应用
四、小结	提问： 学生学到的知识 小结所学知识	分组回答 小结	学生代表发言，通过整理、回忆本节课的收获，建构整体的知识体系
五、作业	布置作业：以小组为单位的活动任务布置	小组合作完成作业	设计小组作业，学生的合作能力、动手能力及小组合作意识得到锻炼与培养

第四章　中学物理教学的评价设计

教学设计主要解决的是三方面的问题：教学目标是什么，如何达到目标，以及对目标是否达成的判断. 对应的就是对教学目标进行设计，对教学策略、媒体、教学过程的设计，以及对教学评价的设计. 本章主要解决最后一个问题.

§2.4.1　中学物理教学评价基本概念

一、中学物理教学评价的概念

评价是指对某项活动的成效进行价值判断的过程. 教学评价是教学活动的重要环节之一，也是教学设计的重要组成部分. 它是判断教学行为、对象是否达到或合乎所期待的教学目标的手段. 具体地讲，教学评价是指评价者根据一定的标准或指标体系，运用科学有效的手段和方法，收集教学过程中的相关资料和信息，对教学过程及教学效果进行价值判断，并为教学提供反馈信息的过程.

中学物理教学评价就是依据物理教学目标，通过系统地收集和处理物理教学信息，对物理教学活动过程和成就进行价值判断，并为改进物理教学实践活动提供参考的过程. 其中，物理教学目标是中学物理教学评价的依据，它的制订受社会、学科、学生三个因素的制约. 评价的方法不仅运用测验法，还运用观察法、问卷法、统计分析法以及多元分析法等一切客观的先进技术和手段. 评价的对象是物理教学活动的过程和成就. 评价的性质是价值的判断. 评价的目的是为改进物理教学活动提供信息.

广义而言，中学物理教学评价的内容包括：评价学生物理学习过程和效果、物理教师的教学情况及素质、物理课程和教材等. 本章主要讨论对学生物理学习过程和效果的评价.

二、中学物理教学评价的理念

1. 重视发挥评价的激励、诊断和促进发展的功能

中学物理教学评价要改变传统评价过分强调甄别与选拔的功能，而应重视发挥评价在促进学生的全面发展、激励学生、诊断教学等方面的功能. 通过中学物理教学评价，应促进学生在物理知识与技能、过程与方法、情感态度与价值观方面的全面发展；发现学生的潜能和特长，了解学生的需求，使学生能看到自己在发展中的长处和不足，增强学习物理的自信心；激励、引导学生发展自己的特长和爱好，如

激励他们在理论学习、物理实验、科技制作、社会调查等方面有突出的发展；形成生动、活泼、开放的教育氛围.

总之，在评价中既要关注学生对知识的理解能力、推理能力和技能掌握的水平和程度，又要关注对过程和方法的理解，更要重视对学生科学情感、态度、价值观等形成的评价，而不能仅把评价的注意力放在评价的甄别与选拔的功能上. 另外，需指出，新课程倡导发展性评价观，并不是只需要发挥评价的诊断、激励和发展功能，而不需顾及评价的甄别和选拔功能. 事实上，评价的各种功能之间是对立统一的关系. 没有检查、甄别和选拔，诊断、激励和发展就很难落到实处.

2．强调评价内容的多元化，使评价能够促进学生全面发展

与传统评价观相比较，发展性评价观强调评价内容的多元化. 《普通高中物理课程标准(2017 年版)》明确提出：评价要多元化，要根据课程标准三维目标的规定，将知识与技能、过程与方法、情感态度与价值观的评价有机结合起来. 也就是说，中学物理教学评价既要对学生的物理学习成绩进行评价，也要对学生物理学习过程中的表现进行评价，这样评价才能真正促进学生的全面发展.

3．倡导评价方法多样化，强调“质性评价”，将定性与定量评价有机结合

传统评价中运用的评价方法相对单调，主要就是纸笔测验，关注的主要是学生的学业成绩. 在新课程背景下，由于评价目标和内容的多元化，在评价中除了关注知识与技能的掌握情况，还要关注学生的创新精神与实践能力、收集信息与处理信息的能力、获取新知的能力，以及情感态度与价值观等多方面的发展. 所以，如果仅依靠传统的相对比较单一的评价方法，已不能满足新课程的要求.

发展性评价观中倡导评价方法的多样化，除了传统的纸笔测验外，还可以根据不同的评价目的和内容，选择不同的评价方法，如采用成长记录袋、实验操作、活动表现等“质性评价”方法，来评价学生. 评价不仅要重视量化信息的收集，也要重视质性评价方法的运用，力求将定性与定量评价有机结合起来，从而使得评价结果更加可信、可靠，更有利于促进学生的发展.

4．强调过程性评价，关注学生发展的过程

传统评价过分关注评价结果，片面强调学生在经过某段时间学习后，是否达到评价标准，而忽视了对学习过程的评价. 发展性评价观不仅关注学习结果，更关注学生发展变化的过程. 因此，物理教师在教学过程中，要多次、即时、动态地评价学生，要把形成性评价与终结性评价有机结合起来. 也就是说，不仅关注学生获得了什么，而且应记录学生参加了哪些活动、投入程度如何、在活动中表现如何、进步大小等情况，要动态观察学生在学习过程中的表现，细心了解其内心活动的变化，记录学生的每一点进步，并与过去相关记录进行比较. 这样能有效地激励和调控学生的学习，进而促进学生的发展.

5．提倡评价主体的多元化，重视学生的自我评价

在传统评价中，学生基本处于消极的被动地位，主要是由教师这一主体对学生进行评价，学生的主观能动性得不到很好的发挥. 而发展性评价观提倡由学生、家长、教师、学校和社会共同参与的多元化评价. 这样有利于有效评价学生的学习情况，可更广泛地收集各方面的反馈信息，帮助学生正视自己的优缺点，以取得更大的进步. 新课程尤其重视学生的自我评价，强调学生的主体地位，要求其主动参与评价，加强评价者与被评价者之间的互动，鼓励学生个人和小组进行自我评价和合作评价，促使他们对自己的学习过程进行回顾、反思，从而培养学生学习的主动性和对自己负责的态度，自觉地调控自己的学习过程. 学生的自我评价能力是自我反思学习的重要工具，学生通过反思，明确了他们应该学习什么，就会开始把学习物理的外部期望转化为内在动力.

§2.4.2　中学物理教学评价的原则

中学物理教学评价的原则是指开展中学物理教学评价活动中必须遵循的基本要求. 教学评价运作过程涉及各个层面，评价原则应对这些层面做出总体要求. 概括地说，中学物理教学评价的原则应该包括以下几点.

1．目的性原则

开展教学评价必须明确评价目的，即明确评价的方向. 这是使教学评价能充分发挥其导向功能的根本保证. 评价目的不仅是决定评价内容和标准的重要依据，还是决定评价效果和教学活动方向的重要因素，所以，需强调评价目的的正确性和明确性.

设计教学评价要以教学目标为依据，通过教学，学习者在认知、情感和动作技能等方面是否产生了如教学目标所期待的变化，是要通过评价来回答的，离开了明确具体的教学目标就无法进行教学评价. 所以，贯彻目的性原则，就是指开展评价活动首先要明确评价目的，评价目的必须服从教学目的.

2．全面性原则

全面性原则指在进行教学评价时，评价内容应尽量全面，评价过程应充分搜集有关信息，以防止评价结构简单化和片面化.

《普通高中物理课程标准(2017 年版)》明确提出：评价要多元化，要据三维目标的规定，将对“知识与技能、过程与方法、情感态度与价值观”的评价有机结合起来. 物理教师评价学生时不仅要评价学生的物理成绩，还要评价他们在学习过程中所表现出来的学习态度、创新精神、分析和解决问题的能力以及正确的人生观和价值观等.

评价过程中，评价内容要根据目的需要分成若干指标，这些指标相互联系构成一个完整体系. 这一体系要尽可能全面反映评价内容，不可偏废哪一部分，要保障搜集信息的全面性，做出的评价也要全面恰当.

3．发展性原则

指在进行教学评价时，要始终关注学生的发展水平和发展情况，这也是教学评价关注的焦点所在. 教学活动最主要的目的是促进学生的发展，所以进行教学评价时，对于评价标准、内容、过程、方法和手段都要有利于学生的发展.

中学物理教学评价目标应包括《普通高中物理课程标准(2017 年版)》规定的教学目标和评定学生全面发展的基本指标(如道德品质、学习能力、个性与情感等)的一般性发展目标. 通常，一般性发展目标蕴含在物理教学中，与物理教学目标同步发展，因此，应把二者融合在一起进行评价.

对应于多元的、综合的评价目标，相应的评价工具与方法也应注重多样化，即定性与定量评价相结合，过程性与终结性评价相结合. 要打破考试作为唯一评价手段的局限，要重视和采用诸如行为观察、情境测验、学习日记、成长记录袋等质性评价方法，密切关注学生学习、发展的过程.

4．指导性原则

评价应与指导紧密结合，以保证评价目的的最终实现. 评价目的是改进工作，所以须将评价结果及时反馈给评价对象，认真分析评价结果，从不同角度探讨因果关系，确认产生的原因，从而设计具体的方案，对学生进行有效指导，使其不断调节行为以达到改进提高的目的. 有什么问题的评价，就应有对应的指导，否则评价就失去意义.

指导是实现教学目的的关键环节，应将评价与指导紧密结合，形成一个评价、指导、改进，循环往复、不断发展的过程. 指导须在评价资料的基础上进行，不能无根据地随意表态；要及时反馈，给以明确指导；要有启发性，留给被评价者思考和发挥的余地，不搞行政命令.

5．科学性原则

中学物理教学评价必须具有可信度与可靠性，必须建立在科学的基础上，有充分的科学依据和科学方法. 在建立评价指标体系时，要有相应的理论依据，每个指标项目要有相对独立的、准确的科学含义. 在确定各项指标的评价标准时，要考虑到指标本身的科学内涵和操作的方便实用.

评价方法要力求科学完整. 评价过程中，要根据教学目标与教学管理要求，注意从教学过程入手，从教学计划、备课上课、批改作业等方面进行. 在评价信息的搜集、处理上，要力求全面、客观、公正，注意其可靠性和合理性. 只有这样，才能真正起到评价的作用，调动教师教学的积极性、主动性和创造性，从而提高教学质量.

6．客观性原则

评价时要采取客观公正、实事求是的态度，不能主观臆断或掺杂个人感情. 评价、判断时，尽可能依据客观事实，绝不能凭主观印象，更不能受个人感情因素影响.

评价方法必须具有客观性. 搜集、处理信息都采用客观方法，尽量减少评价过程中的主观随意性. 设计教学评价时，从评价的标准和方法到评价者所持的态度，特别是最终结果的评定，都应符合客观实际，不能主观臆断或掺入个人情感.

§2.4.3 中学物理教学评价的类型

根据不同的标准与不同的角度，可以将中学物理教学评价划分为不同的类型. 常见的分类有以下几种.

1. 从评价范围的角度，可分为宏观评价和微观评价

宏观评价是指以物理教育的全领域为对象，它涉及物理教育的各个方面. 微观评价是指对教育对象个体发展状况的评价. 例如，对学生的知识能力、道德品行、身体发育、审美情操、劳动表现及个性品质的形成等方面的评价，对教师素质、教学等方面的评价等.

2. 从评价指标性质角度，可分为绝对评价和相对评价

绝对评价是以评价对象以外的某一客观目标为参照标准的评价. 这种评价比较客观,但鉴别性较差. 相对评价是以评价对象团体的平均水平为参照标准的评价. 这种评价有很好的鉴别作用，但不同团体评价结果缺乏可比性.

3. 从评价目的角度，可分为诊断性评价、形成性评价和总结性评价

诊断性评价是指在教学活动开始之前，为了对评价对象的发展状态做出判断而进行的评价，其目的主要是了解发展状况、发现存在的问题、找到解决问题的办法.

形成性评价是指在教学活动过程中进行的评价，主要目的在于及时了解教学效果，及时反馈信息，以便及时强化、调整教学活动，使其在不断调控中得到完善，顺利达到预期目标.

总结性评价是指在教学过程某一阶段终结时，为对其总体状态和阶段效果做出判断而进行的评价. 其主要目的是评定学生的学业成绩和教师的教学成绩，确定教学或学习达到教学目标的程度，证明学生掌握知识、技能的程度和能力水平，证明教师最终的教学成效，为制订新的教育目标提供依据.

4. 从评价主体的角度，可分为外部评价和内部评价

外部评价是指不包含评价对象在内的其他评价者对评价对象进行的评价，又称他人评价. 内部评价是指评价对象自己参照评价标准进行的自我评价. 这时评价对象又是评价主体，评价过程也是自我比较、自我改进、自我提高的过程，又称自我评价.

5．从评价方法手段的角度，可分为定性评价和定量评价

定性评价是指通过观察、调查等质性方法来收集教学信息，运用分析和综合、比较和分类、归纳和演绎等逻辑方法，筛选出集中趋势、舍弃非本质的离散现象，最终对评价对象“质”的特征、状态和性质等给出定性的描述与判断.

定量评价是指通过教学测量、统计等量化方法和手段，收集数据材料，进行定量分析、处理，找到集中趋势的量化指标和离散程度，最终对评价对象“量”的特征给出综合性定量描述与判断.

6．根据不同标准与解释方法，可分为常模参照评价和标准参照评价

常模参照评价是以个体的成绩与同一团体的平均成绩或常模相互比较，从而确定其成绩的适当等级的评价方法. 其中团体的平均成绩即为常模，是评价所依据的参照点. 标准参照评价是以具体的教学目标为标准，确定学生是否达标以及达标程度如何的一种评价方法. 其中具体的教学目标是这种评价所依据的参照标准.

在实际的教学评价过程中，很难将这些评价类型分得清清楚楚. 例如，学校对学生进行了一次测验评价，从测验评价的角度来看，它可能是一次教师自编测验评价；从评价的标准来看，它可能是一次标准参照测验；而从评价的作用来看，它可能又是一次诊断性评价. 所以，了解各类教学评价的关键，是要掌握这些评价方式的特点、作用和适用范围，以使它们在实际评价过程中相互配合、优势互补，发挥出应有的作用.

§2.4.4　中学物理教学评价的设计

一、中学物理教学评价的基本过程

1．明确评价的目的和对象——解决“为什么评价”和“评价什么”

首先，确定教学评价的目的，对“为什么评价”要有具体明了、准确无误的表述. 因为不同的评价目的需要不同的评价标准和方法. 其次，具体的评价总是针对具体的教学对象的某一方面，所以必须明确评价的对象，即评价客体. 它主要解决评价的客体是什么或评价的领域是什么的问题.

2．设计合适的评价工具——确定“用什么评价”

中学物理教学评价工具一般是以表格的形式呈现，常用的工具有测验试卷、观察表格、物理学习记录卡等. 教学评价工具要全面体现新课程理念，不仅要反映学生的学业成就，更要反映学习过程及情感方面的客观表现. 在实施评价之前，评价者要依据评价目标来设计和选用合适的评价工具以获取评价所需的资料.

3．选择评价方法并收集资料——明确“怎么评价”

在做出“评价什么”和“用什么评价”的决定后，便要考虑“怎么评价”的问

题，评价的目的和内容不同，需要选择的评价方法不同.

4．呈现和反馈评价结果——回答“评价得怎么样”

通过一定的评价工具、运用合适的评价方法获取到评价资料之后，需要经过进一步的处理，从而形成一定的评价结论，也即形成综合判断和分析诊断问题. 所谓形成综合判断，就是从整体上对评价对象给出定量或定性的综合意见.

二、中学物理教学评价工具的设计

1．中学物理教学评价工具设计的主要依据

中学物理教学评价工具设计的主要依据是课程标准、教学目标、学生实际、教师特征等.

2．设计中学物理教学评价工具的内容

评价工具包括评价内容和评价标准两大部分内容.

1)评价内容(指标)的设计

评价内容指用具体的项目反映抽象的内容，即具体的、行为化的、可测量的或可观察的评价内容. 设计评价指标体系，就是规定评价哪些因素、不评价哪些因素，将评价所依据的目标具体化、可操作化. 广义的指标体系，不仅包括各项指标的集合，而且包括各项指标的权重系数的集合以及各项指标的描述和测量的方法. 因此，在实施评价之前，评价者不仅要将评价所依据的目标加以具体化、可操作化，而且要规定好各项指标的权重系数以及各项指标的描述和测量方法的选用.

按照课程标准要求，教学评价应对学生物理知识与技能、过程与方法、情感态度与价值观等方面展开评价. 中学物理教学的评价内容，既要关注学生对物理知识和技能的掌握，又要重视学生运用物理知识能力的发展，同时还要重视其在学习过程中的情感态度和参与表现. 其中，每一维评价内容又可以细分为若干可观察、可测量的评价内容. 而后，按此编制测验、收集资料、处理资料，对学生的学习进行价值判断.

2)评价标准的设计

评价标准指根据研究结果和实际情况而制定的用于区分评价对象不同水平的标准(临界点)，表示其达到什么程度才是合乎对应要求的. 例如，认知领域的评价目标，是把学生学习物理知识时外显的活动，按活动因素的多少，由低到高、从简到难的顺序分为了解、理解、应用(或简单应用)、综合应用(或探究)四个层次，这就是评价标准. 它们不但反映了学生掌握知识的程度，而且反映了学生运用知识的能力层次.

三、中学物理教学评价方法的设计

评价方法主要包括评价信息的搜集和处理方法. 在评价过程中，对于相同的评价信息源，由于搜集信息的方法不同，对于相同的信息，也可能得出不同的结论，应事先明确评价信息的搜集和处理方法，以确保评价结果的高信度和高效度.

具体讲，常用的几种中学物理教学评价方法，除了纸笔测验评价有如下几种.

1．行为观察评价

是指教师通过有目的、有计划地观察学生在物理学习过程中的表现，并加以记录，从而对学生的物理学习情况做出较为全面的评价方法.

2．活动表现性评价

是指教师通过观察学生在实验探究活动、真实或模拟生活情境的实践活动中的表现，来评价学生的操作表现和学习成果的一种评价方法. 它不仅能考查学生的知识和技能，还能考查学生的创新能力、实践能力以及情感态度与价值观. 其核心思想是针对实际问题，促使学生利用学到的知识和技能来解决问题，完成实际工作.

活动表现性评价的对象包括科学探究、实验、调查、科技制作、问题研讨等.

3．物理学习档案袋评价

是指利用物理学习档案袋对学生进行评价的方式. 所谓物理学习档案袋是指某一时期不同情境中产生的有关学生物理学习信息的系统收集，它通过反思得以构建，通过合作得以丰富，最终目的是促进学生学习的进步.

4．日常即时性评价

是指教师在日常教学中、在特定的情境下，对学生的行为表现给予的即时鼓励、调控及引导的评价活动. 包括课堂提问与反馈、口头的表扬与批评、期待或不耐烦的表情、写在作业本或测验卷上的评语等. 这种评价贯穿教育活动的始终，无论何时、何地、何事，都应对学生的学习活动进行即时评价.

四、中学物理教学评价结果的表述

中学物理教学评价的结果表述主要有两种方式：评语式表述和数量式表述. 其中评语式表述是指以评语式的语言来叙述评价结果. 数量式表述是指以数量的大小为标准来描述评价结果的等级高低.

数量式表述有多种形式，常用的有数量点式，即以数量点值为标准表述评价对象水平的高低. 如考试中常用的百分制，60 分以上为及格，就是以数量点式来表述学生的成绩. 还有数量区间式，即以明确的数量区间为标准，给被评价对象评定等级. 例如，在学生成绩的评定中一般规定：90～100 分为优秀，80～89 分为良好，70～79 分为中等，60～69 分为及格，59 分以下为不及格.

除此之外，还有期望行为标准、量尺式标准等形式，但从本质上看，要么是用语言描述，要么是用数量表达，或者将两者结合起来.

第五章　基于生活的中学物理教学设计应注意的问题

“从生活走向物理，从物理走向社会”，这是中学物理课标对中学物理教学提出的基本要求. 这个要求将物理与生活、社会联系在了一起. 的确如此，生活中的许多自然现象的背后都蕴含着一定的物理规律，对生活中某些现象的解释，离不开物理知识与原理，可以说，物理与生活有着天然的联系.

为精心设计好物理课堂教学，将生活现象有机融入中学物理教学中，教师要从如下方面做好基于生活的中学物理教学设计.

第一，多观察生活中的诸多现象，特别是生活中发生的自然现象. 从分析现象入手，发掘其背后蕴含的物理原理、物理规律，再用物理规律尝试解释生活中的物理现象.

第二，体现生活中物理的现象有很多，同一物理规律也会体现在许多的生活现象中. 对用于教学中的例子要精心选择，所选择的例子要随着学生的年龄特征、学习的学段甚至学生生活所在的地域(如城市、农村)而不同，要做好学情分析.

第三，从生活中的现象或常识入手，开展情境教学. 导入新课，一定要将学生所学的物理知识渗透到情境当中，然后提出物理问题，设计科学探究方案，进行必要的实验探究，最终得出结论. 要学会用物理规律解释生活现象.

第四，中学物理教学中，通过对大量的生活中的物理现象的观察与分析，使学生深刻感受到，生活中的物理规律与现象无处不在. 将物理知识、规律渗透到生活中，用物理知识与规律指导人们的生活，逐步引导学生形成物理有趣、有用的观念.

第五，生活中的物理，虽然从日常生活中的普通现象可以发掘，但教学中应给学生拓展、引入物理学中更具有前沿性的现代物理. 要让学生深刻地感受到物理前沿科技也以普通的中学物理为基础，学好物理，是投身于前沿科技研究的基础.

第六，要充分体现“以学生为中心”的教育教学理念. 要让学生成为自主、合作、探究学习的主人，成为善于解决复杂问题的主人.

第七，自然现象普遍存在于人们生活中，同一生活现象、自然现象可能是几个不同学科(例如物理、生物、化学)共同作用的结果. 要帮助学生学会系统解决不同学科领域复杂问题的本领.

第八，教学设计中，可从两个维度进行和把握教学过程设计：其一，直接从生活中的物理现象入手，展开中学物理教学；其二，从已有物理知识、规律出发，寻找并分析生活中的物理现象. 将上述两种情况结合起来，有助于物理与生活中的现象融通.

第九，进行生活中的中学物理教学时，亦要注意培养中学生的核心素养，以学生的物理核心素养为目标开展中学物理教学设计. 培养学生的物理观念、科学思维、实验探究以及科学态度.

第十，在进行生活中的中学物理教学设计时，除了完成中学物理课标要求的教学设计外，教师要致力于通过一节一节的物理课堂教学实践，让学生逐渐形成“物理源于生活，物理指导生活，物理有趣有用”的观念. 物理知识、规律是解释复杂生活中科学现象的武器.

【本篇思考问题】

(1) 谈谈对教学目标、教学策略、教学过程、教学评价进行设计所遵循的原则与要求分别是什么.

(2) 任何课程都有育人功能，谈谈如何将课程思政元素有机地融入中学物理教学中. 试举例说明.

(3) 物理教师如何使更多的学生喜欢上物理这门课程？教学中如何开展基于生活中的物理现象的探究实践？

第三篇　基于生活的中学物理教学设计案例与评析

案例类型一　基于生活的力学教学设计与评析

§3.1.1

反冲运动　火箭

胡姗姗

“反冲运动 火箭”教学设计

【教材选用】

人民教育出版社普通高中课程标准实验教科书《物理》选修 3-5 第十六章第五节.

【课标要求】

《普通高中物理课程标准(实验)》要求：

“知道动量守恒定律的普遍意义”“能用动量守恒定律定量分析一维问题”“了解火箭的发射利用了反冲现象”.

【内容分析】

本节课实质上是动量守恒定律的延伸和拓展. 教材通过乌贼、反击式水轮机、火箭等介绍了反冲运动在生产、生活和科学技术中的应用，使学生知道反冲运动及其原理，并从动量守恒的角度对反冲运动加以正确的分析和解释. 使学生了解我国古代火箭的发明和现代火箭事业的发展，了解火箭的原理和主要用途. 教学内容与现代科技密切相关，体现了科学技术社会(STS)教育的思想，对于学生进一步了解物理学的思想和方法，认识物理学在技术中的应用，具有十分重要的意义.

【学情分析】

(1)**知识基础**：学生在日常生活中对反冲运动有所了解，基于动量定理及动量守恒定律知识的学习，已经具备应用动量守恒定律分析解释生活与生产中一些典型现象的能力.

(2)**兴趣特点**：学生对未知的物理现象具有较强的好奇心和求知欲. 本节课是对动量守恒定律应用的延伸和拓展，涉及大自然中的生物运动和科学技术、航天发展等知识，对学生的吸引力较大，易于激发学生学习物理的热情.

(3)**认知困难**：对动量守恒定律认识不深刻，缺乏理性化的思维过程，一旦涉及具体的物理模型，学生难免会感到束手无策.

【教学目标】

一、知识与技能

(1)知道什么是反冲运动；
(2)能结合动量守恒定律对反冲现象做出解释；
(3)知道反冲运动在各领域的应用，了解火箭的飞行原理和主要用途.

二、过程与方法

(1)通过分析生活中有关反冲运动的实例，提高分析、解决实际问题的能力；
(2)通过反冲运动物理原理的探究过程，认识物理实验、物理模型和数学工具在物理学发展过程中的重要作用.

三、情感态度与价值观

(1)通过反冲运动的广泛应用，领略自然界的奇妙与和谐，发展对科学的好奇心与求知欲，有将物理知识应用于生活和生产实践的意识；
(2)通过反冲运动原理的实验探究，体验科学探究的艰辛与喜悦；
(3)了解我国航天发展现状，激发爱国热情和民族自豪感.

【教学重点】

反冲运动的原理及其应用.

【教学难点】

反冲运动现象的分析和解释.

【教学方法】

情境教学、启发引导、实验探究.

【学习方法】

自主探究、合作学习、讨论交流.

【教学器材】

试管，酒精灯，气球，小车，水平轨道，注射器，支架，弹簧，棉线，火柴等.

【课时安排】

45 分钟.

【教学过程】

教学环节	教师活动	学生活动	设计意图
一、创设情境引入新课			
1.趣味实验	趣味实验一： 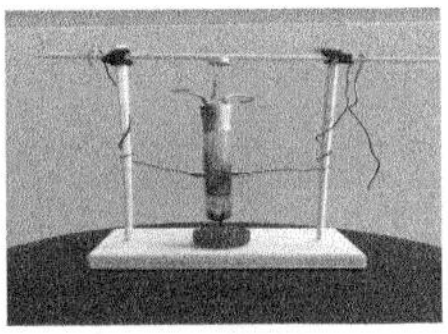 点燃酒精灯 趣味实验二： 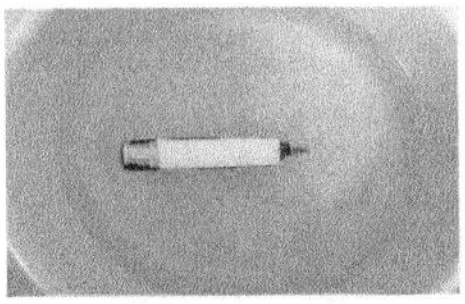 将吸有水的注射器放入水中 趣味实验三：  释放气球	参与实验，观察实验现象并加以思考.	激发学生的学习兴趣和探索欲望，进而导入新课.
2.分析归纳	提问： 根据观察，总结出实验现象的共同点.	总结实验现象的共同点： (1)内力的作用下； (2)一个物体分成两个部分； (3)两部分运动方向相反.	引导学生观察分析实验现象的共同点. 培养学生的观察能力和语言表达能力.
3.反冲运动	分析归纳： 引导学生概括出什么是反冲.	思考并回答： “一个物体在内力的作用下分为两个部分，一部分向某一方向运动，另一部分必然向相反的方向运动. 这个现象叫作反冲.”	概括出什么是反冲运动. 培养学生分析归纳的能力.

续表

教学环节	教师活动	学生活动	设计意图
二、实验探究：反冲运动的原理			
1.提出问题	提问： 在这些现象背后，包含什么物理原理？	思考.	增加实验探究环节，提出关键性问题，让学生主动参与到探究过程中.
2.猜想与假设	利用反冲蒸汽炮实验引导学生猜想. 	猜想： 可能是动量守恒定律.	引导学生进行猜想与假设.
3.制订计划与设计实验	提供器材引导学生设计反冲实验. 	利用实验室已有器材和身边物体分组进行实验设计与实验探究.	通过实验探究总结规律，引导学生体验知识的形成过程.
4.进行实验、记录数据	引导学生分析，得出结论.	将数据记录在表格中. 思考、讨论并回答.	培养学生处理信息的能力.
5.分析与论证	如果满足动量守恒定律的条件，可以利用动量守恒定律分析处理反冲运动.	综合实验分析的结果得出反冲运动的原理： 动量守恒定律.	掌握反冲运动的物理本质，突破教学重点.
三、反冲运动的应用	利用趣味小实验引导学生分析解释反冲现象，并结合实际从生活、生产、军事、科技等方面列举反冲运动的应用（自制简易、低成本实验仪器）.	分析解释反冲现象. 反冲有广泛的应用：灌溉喷水器、反击式水轮机、喷气式飞机、火箭等.	体现从生活走向物理，从物理走向生活. 加深学生对知识的理解和掌握.
四、火箭	火箭是反冲运动的重要应用之一. 介绍我国宋代发明的火箭. 我国现代火箭技术已跨入世界先进行列. 介绍： (1)火箭的工作原理. (2)火箭的主要用途. 例题：设火箭在 Δt 时间内喷射燃气的质量是 Δm，喷出燃气的速度是 u，喷出燃气后火箭的质量是 m. 我们设法计算火箭获得的速度 v. 对学生的作答进行点评与总结.	思考分析，讨论，回答问题. 解：根据动量守恒定律，火箭原来的动量为零，喷气后火箭与燃气的总动量仍然是零，即 $mv+\Delta mu=0$ 解出 $v=-\frac{\Delta m}{m}u$	使学生了解有关火箭的相关知识. 培养学生运用动量守恒定律分析解决问题的能力.

续表

教学环节	教师活动	学生活动	设计意图
五、知识拓展	讨论：火箭飞行的最大速度是由什么因素决定的？	结合习题的计算结果加以思考，回答： (1)喷气速度. (2)质量比.	对火箭的认识加以深化，使学生知道决定火箭最终速度的两个因素.
	问题：如何提高火箭的速度？	思考并回答： (1)减轻火箭本身质量. (2)多级火箭.	引出多级火箭.
	小常识介绍： (1)火箭的级数不是越多越好，级数越多，构造越复杂，工作的可靠性和安全性就越差，一般多级火箭不会超过四级. (2)现代火箭的喷气速度在2000～4000m/s.	了解、思考.	拓宽学生的科学视野.
	通过播放电影《钱学森》的部分片段，组织学生把课前收集的关于我国航天发展的材料分小组进行展示.	搜集有关我国航天发展史的材料，并在课堂上展示.	培养学生搜集材料、整理材料的能力，激发学生的爱国热情和民族自豪感.
六、巩固与小结	组织学生通过小组擂台赛的方式进行课堂小结. 点评与总结.	以小组为单位，由一个学生提问，一个学生回答.	反馈课堂教学效果，并进行查漏补缺．培养学生提炼、概括知识的能力.
七、布置作业	搜集相关信息，利用反冲运动的原理自己动手进行水火箭等小制作.	记录作业.	将科学探究渗透到学生课余生活中去，培养学生实践能力.

【板书设计】

§16.5　反冲运动

一、反冲现象
二、反冲运动的特点
　1.在内力作用下
　2.一个物体分为两个部分
　3.两部分运动方向相反
三、反冲运动的原理
　动量守恒定律
四、反冲运动的应用
五、火箭的飞行原理和主要用途
六、火箭速度的影响因素
　1.火箭喷气速度
　2.发射前后质量比
七、航天发展史

【教学反思】

首先，本节课以三个趣味实验创设情境引入新课，未知的物理现象有效地激发了学生的好奇心与求知欲，取得了良好的教学效果；其次，对反冲运动原理的实验探究从提出关键性问题、引导学生进行猜想与假设、实验探究、处理数据、得出结论等环节逐步开展，对学生能力的提高有很大的帮助；最后，在解答开始的趣味实验的原因后，从实际生活、生产等方面为学生介绍反冲运动的应用，体现了“从生活走向物理，从物理走向生活”的理念.

本节课在教学过程中还存在一些不足. 比如认识物理问题还不够深刻，教学过程中语言还不够精练、简洁，课堂的衔接语有时不够顺畅、自然，这些方面还有待进一步完善. 教学流程图如下：

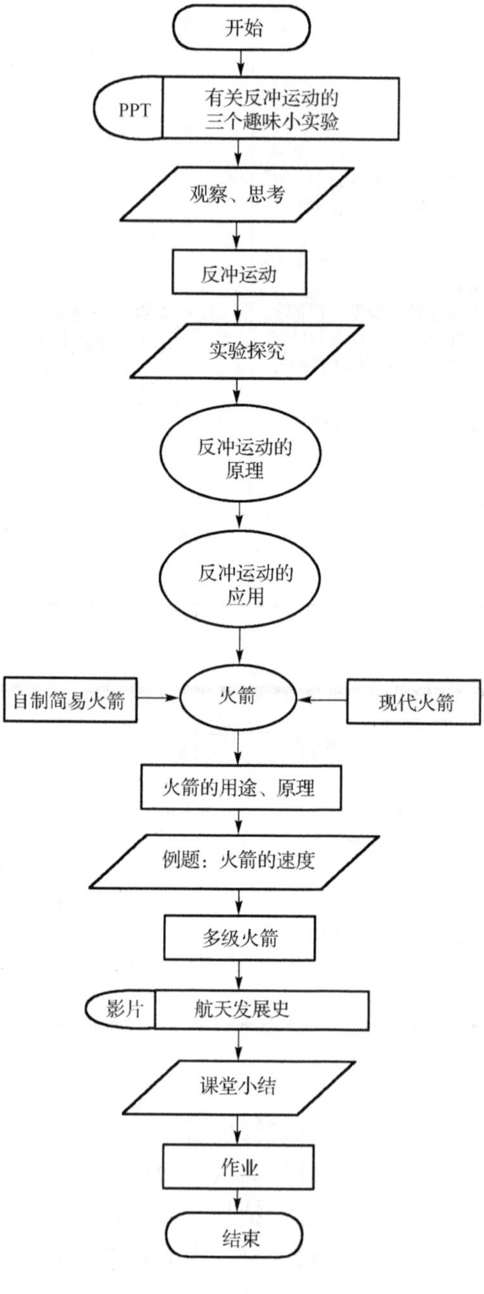

【“反冲运动 火箭”教学设计评析】

本节课实质是动量守恒定律的延伸和拓展. 按照物理课程标准的要求，旨在使学生体会动量守恒定律的普遍意义以及了解火箭发射飞行原理和用途，进而让学生感受物理来源于生活又走向生活，体会科学技术与生活密切联系，息息相关.

本节教学设计从设计思想上重视学生科学思维的培养，注重科学生活化. 从实验教学创设物理情境，从导入新课到设计完整的实验探究反冲原理的过程以及最后对火箭原理模型的抽象，整个设计过程抛出核心问题，进而引导学生主动思考问题，通过对实验的观察、实验的设计、火箭原理的探究等，充分落实了对学生思维能力的培养.

教学方法的设计上，注重实验教学的创新，通过教师自主创新设计的三个趣味实验引入，激发学生的学习兴趣，又在可视性强的反冲蒸汽炮实验的基础上，引导学生自主设计反冲实验，进行完整的科学探究，体现了物理实验在中学物理教学中的关键作用，同时加强学生的生活体验，激发学生探究兴趣.

整个教学结构的设计完整、合理. 如果对学生设计反冲实验的器材提供、数据记录、实验的具体设计说明再加强一下，就更完善了.

§3.1.2

向　心　力

纪辰蓓

“向心力”教学设计

【教材选用】

人民教育出版社普通高中课程标准实验教科书《物理》必修 2 第五章第六节.

【课标要求】

(1) 通过实验，探究并了解匀速圆周运动向心力大小与半径、角速度、质量的关系；

(2) 能用牛顿第二定律分析匀速圆周运动的向心力.

【教材分析】

(1) 必修 2 是人民教育出版社普通物理课程标准实验教科书《物理》中必修系列模块之一，本模块知识内容分成“曲线运动”“万有引力与航天”“机械能守恒定律”三部分. 在本模块中，学生将从运动学和动力学两个角度认识圆周运动，并能运用向心力的知识，解释生活中的现象、处理问题.

(2) 向心力在物理学中有着重要的地位，它在教材里上承“牛顿运动定律”，下启“万有引力与航天”. 它既是牛顿第二定律在曲线运动中的运用，也是以后学习带电粒子，带电体在磁场中运动的基础.

【内容分析】

教材首先从学生熟悉的现象出发，强调对生活中圆周运动的观察，让学生参与和思考，在此基础上，指出做圆周运动的物体具有向心加速度. 结合牛顿第二定律，从动力学的角度得出向心力的定义和表达式，并且通过圆锥摆实验强调了向心力是一种效果力. 最后，通过本节的做一做小实验，将分析匀速圆周运动的受力情况拓展到非匀速圆周运动的受力情况，让学生领会问题从特殊到一般的思维方法，并学会用力和运动的观点来分析、解决问题.

通过对向心力的学习，学生应：

(1) 掌握向心力的概念的表达式；

(2) 知道向心力的来源；

(3) 理解向心力是一种效果力.

【学情分析】

本节课的授课对象是普通高中一年级的学生.

从知识基础看，在上一章中，同学们学习了牛顿运动定律，知道了力会改变物体的运动状态，产生加速度. 在本章的上一节，同学们学习了线速度、角速度以及加速度的概念，知道了做圆周运动的物体速度方向时刻改变. 但容易受到错误前概念的影响，认为向心力是一种新的性质力，这点在教学过程中应该引起我们的注意.

从认知特征看，高中一年级学生已经具备了初步的观察分析能力、实验能力以及探究能力，但是对物理方法、科学方法的掌握仍有不足. 因此，可以通过直观的演示实验使学生从感性上认识客观事物，为理性认识打下基础.

从学习兴趣看，学生较难集中注意力，这就要求教师巧妙地应用物理实验，将抽象的物理知识定性直观地呈现给学生，激发学生的学习兴趣，为之后的理论分析提供了一定的保障.

【教学目标】

1．物理观念

学生通过对做圆周运动的物体进行分析，认识到运动与相互作用联系的物理基本观念.

2．科学思维

学生通过从观察物体做圆周运动的现象，提出原因猜想，进而对物体进行受力分析，得出向心力的来源，形成从感性到理性的思维方式.

3．实验探究

学生通过对向心力来源的探究，形成证据意识，学会科学研究和解决科学问题的能力和方法.

4．科学态度与责任

学生通过观察分析生活中的圆周运动，拉近科学与自己的距离，培养学习科学的兴趣.

【教学重点】

理解向心力的概念并知道向心力的来源.

针对教学重点所采用的教学策略：通过将现象观察与理论分析相结合的手段，逐步引导学生运用牛顿运动定律的知识、从做圆周运动的物体运动状态时刻变化出发进行理论分析，并结合前面所学的向心加速度部分知识，进一步理解向心力的概念.

【教学难点】

理解向心力是一种效果力.

针对教学难点所采用的教学策略：通过创新实验，用观察小金属球随着圆盘运动和小物块随着圆盘运动的现象，并结合理论上对小金属球和小物块的受力分析，使学生能够分析出向心力的来源，并通过归纳总结不同来源向心力的作用效果，得出向心力是一种效果力.

【教法分析】

找到学生已有知识和本节课要达到的教学目标之间的最近发展区，采用问题驱动法、逐步认知构建，帮助学生提升知识和能力. 在教学过程中，注重师生之间、学生之间的交流，激发学生自主思考，使学生的主体性得到体现.

具体做法是：通过用乒乓球提起重物引入新课，激发学生的学习兴趣，巧妙的实验设计将生活与物理相联系，使学生建立感性认识. 在实验定性认识的基础上进行理论分析，帮助学生提升知识和能力. 在教学过程中，激发学生思考，希望学生能够逐步形成物理观念，提高学生在科学思维、实验探究、科学态度与责任这几个方面的学科核心素养.

【学法分析】

学生在引导下思考问题、实验探究、定性认识、理论分析. 通过设置问题情境，经历实验探究过程，分析向心力的来源；通过比较不同来源向心力的作用效果，在教师的引导下得出向心力是一种效果力. 最后学生运用所学知识联系生活实际，一方面可以拉近学生与物理学之间的距离，另一方面可以为下节课的学习打下基础.

【教学准备】

教具：自制向心力演示仪，小金属球，小物块，乒乓球，橡皮泥盒，玻璃杯.

【创新之处】

一、实验创新

在可以匀速转动的圆盘上放置小球和物块，使学生直观地判断出向心力的来源.

物体做匀速圆周运动时，由其他性质的力提供向心力，但由于学生初次接触向心力，可能会认为向心力是一种新的性质力. 当小球随圆盘做圆周运动时，学生首先会观察到当圆盘开始转动时，小球有远离圆心运动的趋势，而小球碰到挡板后，由于受到弹力的作用，会随着圆盘做匀速圆周运动，如此小球的运动状态会发生明显变化，通过现象的观察，引导学生对做圆周运动的物体做受力分析，并结合牛顿第二定律，得出向心力的来源. 此外，相比于课本上的向心力演示仪，本实验仪器还可以探究摩擦力提供向心力.

二、教法创新

在教学中利用直观的实验现象和层层设问，分析、讲解实验结果，用学生已有的知识，阐释向心力的来源，使教学内容由浅及深地进行，顺应学生的理解能力和知识发展水平，体现出透过现象追求本质的科学精神.

【教学流程图】

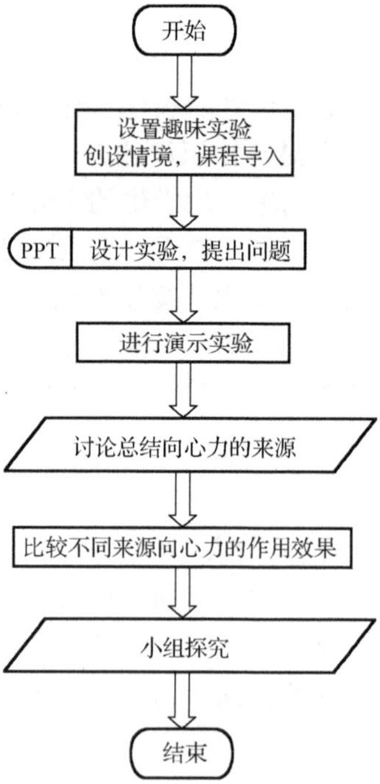

【教学过程】

教学环节	教师活动	学生活动	设计意图
一、创设情境感性认识	用一个有趣的问题让学生思考，即如何用一端栓有细绳的乒乓球提起重物，引导学生联系生活经验得出，当乒乓球做圆周运动时，会受到绳子对其的拉力. 提出问题：做匀速圆周运动的物体运动状态为什么会发生变化？ 引起学生的注意，激发学生的兴趣，启发学生通过学习本节课的知识就能回答上述问题了. 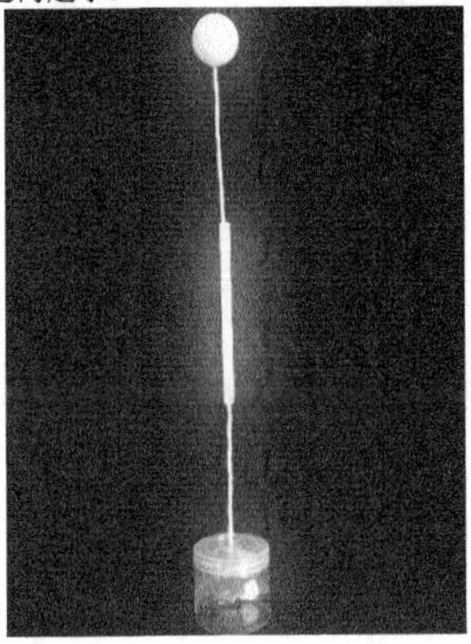	学生联系生活经验想到当用绳拉着小球会感受到绳上有拉力，或许可以提起重物，尝试进行初步思考.	通过生活情境引入新课，为本节课的学习做铺垫. 利用学生熟悉的趣味小实验，激发学生学习兴趣.
二、理论推导发现问题	回顾在上节课学过的做匀速圆周运动的物体所具有的运动特点，指出做圆周运动的物体运动状态不断改变，且具有指向圆心的向心加速度. 根据牛顿第一定律，明确物体运动状态的变化，是由于受到了力的作用. 问题：物体受力，且具有加速度，可以用哪一条运动定律将这两者相联系呢？ 启发学生利用牛顿第二定律将做匀速圆周运动的物体会受到力的作用与具有指向圆心的向心加速度相联系. 引导学生得出做匀速圆周运动的物体一定会受到与向心加速度同方向的力，得到向心力定义，理解向心力的概念. 可以匀速转动的圆盘上，放置一个两边高中间低的光滑圆管，在圆管内有两个光滑金属球. 引导学生观察，当圆盘开始做匀速圆周运动时，小球会怎样运动？ 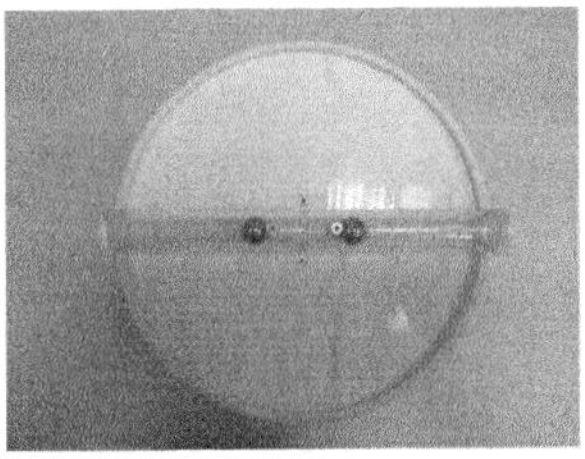	回顾上节课所学的内容，知道做匀速圆周运动的物体速度方向时刻变化且具有向心加速度. 在教师的引导下，利用牛顿第二定律，明确做匀速圆周运动的物体一定会受到指向圆心的力的作用.	学生在已有的知识基础上对圆周运动的运动特点直观认识后，启发学生逐步深入地认识做圆周运动的物体运动状态不断变化的本质原因.

续表

<table>
<tr><th>教学环节</th><th>教师活动</th><th>学生活动</th><th>设计意图</th></tr>
<tr><td>三、设计实验分析来源</td><td>闭合开关，使圆盘转动，提示学生观察小球的运动状态，并对能够随着圆盘做匀速圆周运动的小球做受力分析，提问：此时小球受到的合力指向什么方向？
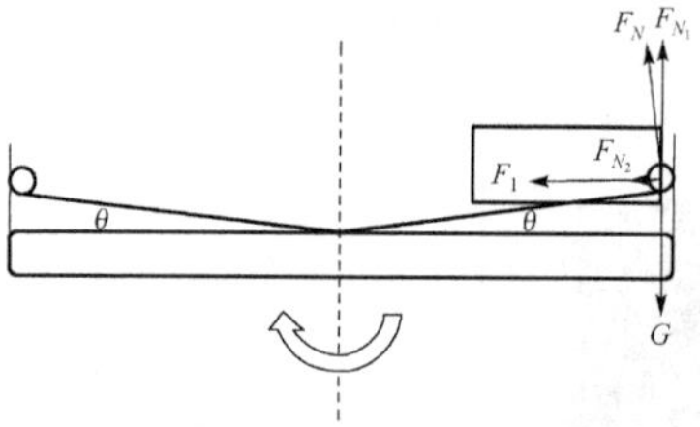

</td><td>注意观察圆盘上的小球，发现小球会先沿半径方向运动，再随着圆盘转动.</td><td>通过一系列连贯的实验，让学生通过观察发现小球运动状态的改变，为理论分析打好基础. 同时实验现象的新颖性和直观性也可以引起学生的注意，提高他们学习的兴趣与热情.</td></tr>
<tr><td></td><td>结合牛顿第二定律，说明做匀速圆周运动的小球有向心加速度，向心加速度的产生是由于指向圆心的向心力的作用，提问：在这种情况下，是什么力使物体产生了向心加速度？
由现象得出结论：在此情况下，是由指向圆心的合力提供向心力，产生向心加速度.</td><td>对实验结果进行理论分析，并在教师的引导下运用牛顿第二定得出向心力的来源.</td><td></td></tr>
<tr><td></td><td>再在圆盘上放置一块粗糙物块，提示学生注意观察此时圆盘转动后的实验现象.
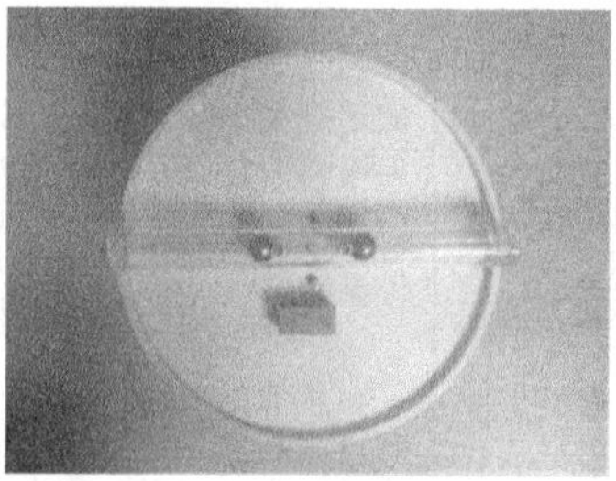
</td><td>注意观察圆盘上的物块，发现物块不会沿半径方向运动，会随着圆盘转动.</td><td></td></tr>
<tr><td></td><td>通过小物块没有沿圆盘半径方向滑动的现象，引导学生自主分析小物块都受到哪些力的作用，并类比刚才的方法判断在这种情况下，是由什么力提供了向心力.
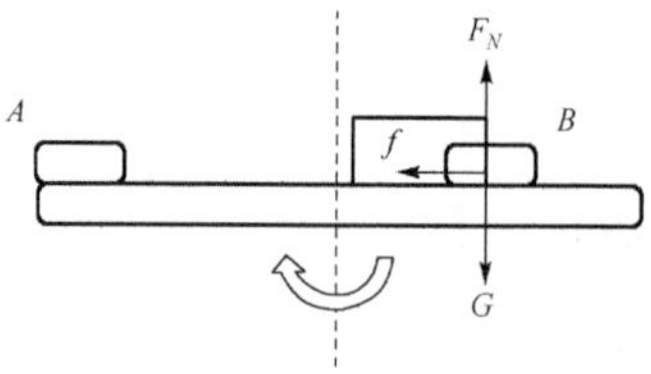

</td><td>学生类比刚才的方法，自主对实验结果进行理论分析，得出向心力的来源.</td><td>在刚才观察的基础上进行合理猜想，帮助学生进一步理解，促进知识深化.</td></tr>
<tr><td></td><td>结合之前的实验，总结向心力的来源，并通过分析不同向心力的来源，得出向心力是一种效果力.</td><td>分析得到向心力的来源不唯一，但其作用在物体上均会产生向心加速度，得出向心力是一种效果力.</td><td>学生自主对实验现象进行总结，提高学生分析、解决问题的能力.</td></tr>
</table>

续表

教学环节	教师活动	学生活动	设计意图
四、知识应用拓展思维	回顾课前问题，指出做圆周运动的乒乓球可以提起重物，并让学生以小组为单位，自主探究影响向心力大小的因素. 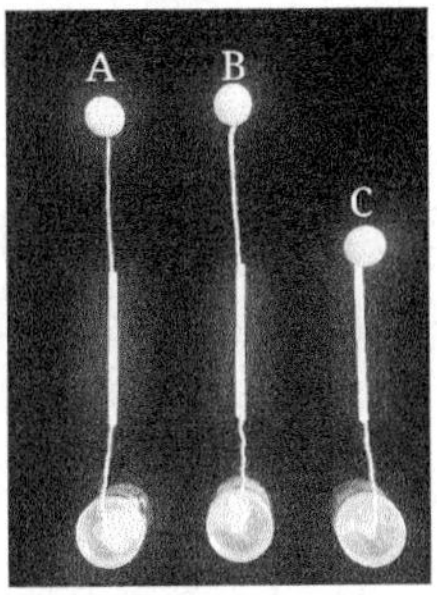	运用所学知识回答问题，并在课后继续小组探究影响向心力大小的因素.	与新课导入首尾呼应，学以致用，巩固新知. 从生活走向物理，从物理走向社会. 通过小组合作，培养探究能力.

【板书设计】

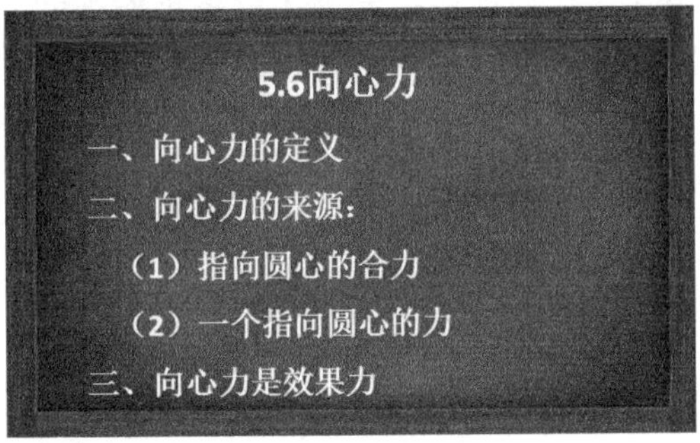

【教学反思】

本节课在物理课程标准的指导下，结合教材特点和学生情况，采用教师引导学生自主、合作、探究的教学方式，收到了可喜的效果.

本节课有以下优点：

通过生活中圆周运动的展示，让物理知识真正走进生活、贴近生活. 通过分析能提起重物的乒乓球、自制教具中的小球，学生对向心力是一种效果力有了深刻理解，便于突破难点. 自制教具的使用让学生在接受知识的同时，经历了实验探究过程，给学生的思维提供了充分的想象空间，使学生的创新能力得到了很大的提高.

本节课还需要改进的地方：

设计过程中增加一些学生亲自动手的实验，让学生感受物理实验的奥妙，提高积极性. 本节课中的自制向心力演示仪尺寸较小(直径 20cm 左右)，不利于面向全班展示，使用时噪声较大，在今后的教学中可对教具进行降噪和整体放大. 该教具目前实现了定性分析向心力的功能，考虑是否可以连接数字毫秒计时器，通过确定周期 T 对向心力大小进行定量分析.

【“向心力”教学设计评析】

生活中绝大多数物体的运动为非直线运动，而圆周运动属于曲线运动中非常重要的一类，掌握向心力，对于理解圆周运动来讲至关重要. 教材中向心力概念的给出是应用牛顿第二定律，即提供向心加速度的力，正如本篇教学设计中所说，学生根据前知识会认为向心力是运动物体所受的一种新的性质的力，而要解决这个认识的难题，需要从实验入手，借助生活中的具体应用来加深理解.

本篇教学设计，教师准确地把握了设疑的方向，利用简单的乒乓球旋转提起重物实验，创设情境引入新课，充分调动了学生的学习兴趣，激发了学生学习和探究的热情，使学生进入了积极的思维状态. 教学环节设计安排清晰明了，过渡自然，通过自制的向心力演示仪设计实验，分析向心力的来源，分化了本节课的难点，帮助学生建立正确的物理观念.

教学设计规范详细，目标明确，重难点突出，教学方法选择灵活恰当，对教学内容把握透彻，挖掘深入，处理新颖，突出了以学生为本的理念，全面培养学生的科学素养，自主合作探究学习的理念，不失为一篇优秀的教学设计.

案例类型二　基于生活的电磁学教学设计与评析

§3.2.1

探究电磁感应的产生条件

赵亚锋

“探究电磁感应的产生条件”教学设计

【教学时间】

40 分钟.

【教学对象】

高中二年级学生.

【教材选用】

人民教育出版社普通高中课程标准实验教科书《物理》选修 3-2 第四章第二节.

【课标要求】

《普通高中物理课程标准(实验)》要求,“通过实验,理解感应电流的产生条件.举例说明电磁感应在生活和生产中的应用.”

【教材分析】

“探究电磁感应的产生条件”是高中物理新课程(选修 3-2)第四章第二节的内容,它是电磁学的核心内容之一,在整个高中物理课程中占有相当重要的地位. 本节内容揭示了磁和电的内在联系,通过探究实验的方法归纳出了“磁生电”的规律,在教材中起到了承前启后的作用,是学生今后学习楞次定律、法拉第电磁感应定律和交变电流的基础.

在教材的编排上,初中物理教材已经呈现过“当闭合电路的部分导线做切割磁感线运动时可以产生电流”的内容,高中物理教材是以初中电磁感应教材内容为基础,再设计学生探究实验,对现象进行分析归纳,总结出产生感应电流的条件,模仿法拉第实验猜想并验证这一条件,这样的编排符合学生的认知规律.

【学情分析】

学生对闭合电路的部分导线切割磁感线能产生电流，在初中已有一定的认识，前面也已学过磁场、磁通量的知识，但在空间想象、问题本质的分析等方面还较为薄弱. 因此，在教学中从学生的已有知识出发，通过学生自主学习、探究实验、产生问题、协作交流等学习方法，从而解决问题，得出产生感应电流的条件的结论.

【教学目标】

根据上述对教材的分析以及对学情的分析，确定本节课教学目标如下.

1. 知识与技能

(1)能根据实验事实归纳出产生感应电流的条件；
(2)会运用产生感应电流的条件解决实际问题.

2. 过程与方法

(1)经历科学探索的过程，领悟科学思维方法；
(2)通过实验探究，归纳概括出电磁感应的产生条件，培养学生的观察、操作、探究、概括的能力.

3. 情感态度与价值观

通过本节课的学习，激发学生的求知欲望，培养他们严谨的科学态度和合作精神.

【教学重点】

(1)电磁感应产生条件实验探究的过程；
(2)对产生感应电流条件的理解.

【教学难点】

(1)探究电磁感应产生条件方案的设计；
(2)观察实验现象并比较、分析、归纳得出电磁感应产生条件.

【教法与学法】

根据以上分析，在教法上，本节课将采用实验法、类比法、讨论法等；在学法上，将采用观察法、合作讨论法、归纳法等.

在课堂中通过“电磁炉点灯”“电磁炉点燃锡箔纸”两个演示实验，“导体棒切割磁感线”“磁铁插入线圈”两个学生探究实验，“模仿法拉第实验”一个验证实验，创设物理情境. 教师引导学生认真观察、积极思维，然后进行分析论证，归纳总结出产生感应电流的条件；同时通过同学间的合作讨论，调动学生学习的积极性，提高学生课堂学习的效率，培养学生的团结协作精神.

【教学过程设计思路】

根据高中学生好奇心强、喜欢探讨的特点以及电磁感应与实际生活密切联系的特点，将充分利用生活中常见的物品和器材设计实验，体现生活与物理的联系，充分激发学生的学习兴趣，调动学生学习物理的积极性. 教学过程中，教师运用启发式教学方式，向学生提出疑问，深化思考，以促进学生对电磁感应现象和产生条件的深刻理解和掌握. 据此，将主要的教学环节设计如下.

【教学过程】

教学环节	教师活动	学生活动	设计意图
一、创设物理情境，引入新课	演示实验：　电磁炉点灯 将一个没有接电源的 LED 灯放在电磁炉上，我们发现 LED 灯会亮，这是为什么呢？  由此导入新课“探究电磁感应的产生条件”.	观察实验，思考没有接电源的 LED 灯发光的原因. 同学们以小组为单位开展探究性学习，尝试着归纳出产生这种现象的原因.	实验—问题 由没有接电源的 LED 灯在电磁炉上发亮实验，引入疑问，让学生开展合作性学习，培养集体意识、合作和动手能力，以新奇的实验激发学生的兴趣，引入新课.
二、新课教学 1.探究实验一——回忆初中实验	回忆初中实验： 由蹄形磁铁、导体棒、灵敏电流计、导线组成闭合回路，让导体棒切割由蹄形磁铁发射的磁感线，观察到灵敏电流计的指针会有偏转. 引导学生通过此次实验去发现，当磁感应强度 B 不变，而磁感线垂直穿过闭合回路的面积 S 变化时，闭合回路中能产生感应电流. 	认真观察实验，在教师的引导下，尝试去分析闭合回路产生感应电流的原因：B 不变，S 变时，闭合回路中可以产生感应电流.	利用初中已有的实验，重新来做，调动学生的积极性，让学生能从新的高度、新的角度去思考.

续表

教学环节	教师活动	学生活动	设计意图
2.探究实验二	视频演示实验： 由螺线管、灵敏电流计、导线组成的闭合回路，分别让条形磁铁的N极、S极插入和拔出螺线管，引导学生观察灵敏电流计的指针是否有摆动，并提问学生，由学生填写表格“条形磁铁的运动情况和指针的偏转方向”.  然后继续引导学生总结规律，当磁感应强度B变化，而磁感线垂直穿过闭合回路的面积不变时，闭合回路也会有感应电流产生.	学生仔细观察实验，并按教师的要求，总结出N极、S极插入、拔出螺线管时，灵敏电流计指针的摆动，并填写表格. 然后在教师的引导下，从实践上升到理论，总结出B变化，S不变也能产生感应电流.	让学生通过观察实验，比照刚刚做过的实验，用类比的方法得到实验结论，培养学生缜密的思维、类比的方法和从实际到理论抽象概括的能力.
3.解释“电磁炉点灯”实验	回到上课时做的电磁炉点灯的小实验 提问学生：LED灯发光，说明有感应电流产生，那么比照对前面两个实验的总结，在产生感应电流的过程中，哪些量变化，哪些量没变呢？ 教师引导学生，同样利用类比的方法得出结论：闭合回路中，磁感线垂直穿过的面积S不变，磁感应强度B变化时，闭合回路也会有感应电流产生.	学生回忆本节课的导入小实验，思考教师提出的问题，并自己总结结论.	同样训练学生类比的思想，利用已有知识或结论，对新的实验抽象出正确的结论.
4. 对以上三个实验进行分析归纳总结	教师将以上三个实验及结论放在一起，引导学生回忆在“磁场”中学过的知识，鼓励学生去尝试总结结论：当闭合回路中磁通量发生变化时会有感应电流产生.	学生找到三个实验的联系之处，回忆学过的知识，用磁通量的变化来解释产生感应电流的条件.	从实验中抽象出理论，是物理学一个永恒的话题，旨在让学生养成一个实验探究、分析总结的好习惯，培养提出问题、发现问题的思维.
5. 活学活用，用电磁炉演示点燃锡箔纸实验	利用电磁炉点燃锡箔纸这一有趣实验现象，激发学生的兴趣，引导学生利用本节课学过的知识来解释电磁炉能点燃锡箔纸的原因. 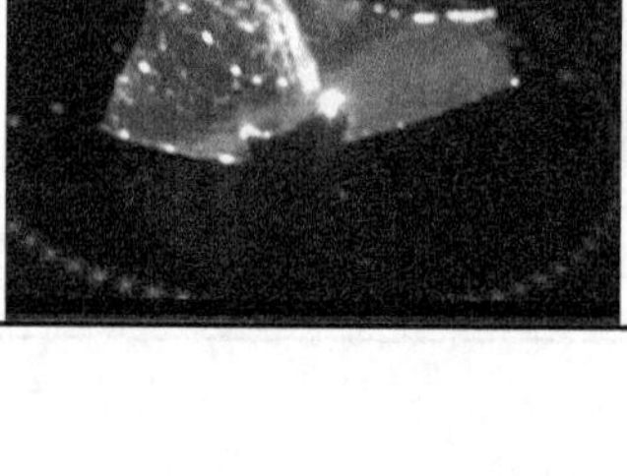	体会物理与生活的密切联系，利用本节课已总结出的理论知识来解释这一奇妙现象.	物理与实际生活是密切相关的，要让学生充分领会这一点.而利用已有知识来解决实际问题、学以致用，是学生必备的科学素养.

续表

教学环节	教师活动	学生活动	设计意图
三、模仿法拉第实验，验证是否与我们刚刚得到的结论相符	教师介绍法拉第当年电磁感应的实验，连接好仪器，提问学生：将线圈A插入线圈B，预测一下，线圈B中会有感应电流产生吗？并提问学生产生感应电流的原因. 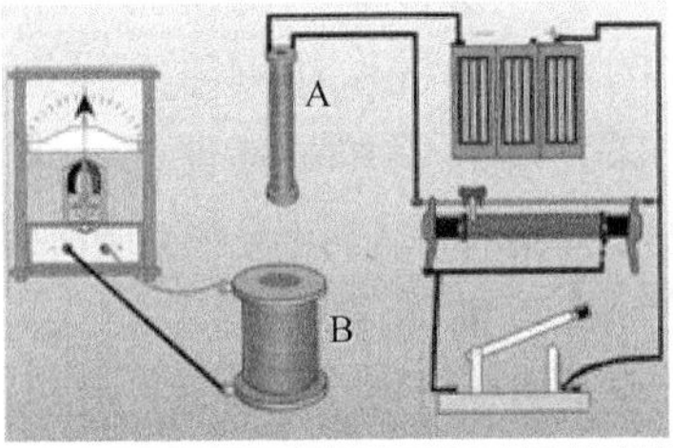 	学生预测实验结果，并按教师要求，利用前面的实验结论解释线圈B中有感应电流的原因.	学习法拉第良好的科学素养，坚持信念与持之以恒的精神，培养学生用理论知识解决实际问题的科学素养.

【板书设计】

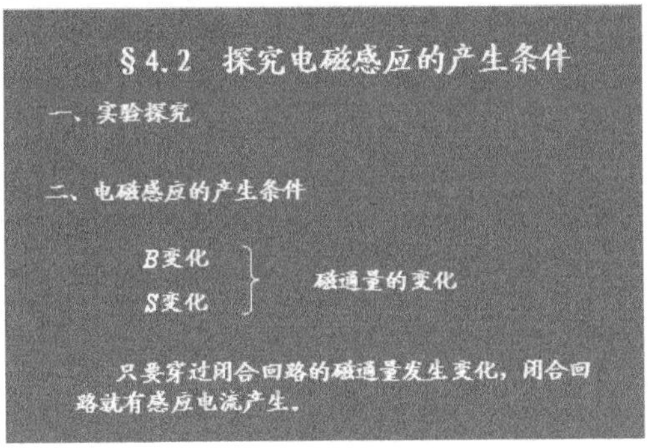

【教学反思】

本节课的多个实验，层层递进，实验的进行推动着学生认知的发展，在初中认知的基础上进一步较全面地建立起感应电流产生条件的相关理解，不仅符合中学物理教学由形象至抽象的基本逻辑，而且充分地调动了学生的思维，培养了学生抽象概括等物理思维，提升了学生的物理核心素养.

然而，实际上感应电动势是比感应电流更为本质的对电磁感应现象的反映. 在本节课的最后应该把相关问题抛出，以为更深层级地理解电磁感应和接下来的学习做铺垫，这不仅有助于学生的深入理解，也能充分地调动学生思考学习的热情，激发学习兴趣，这可能是需要进一步改进的地方.

【“探索电磁感应的产生条件”教学设计评析】

本节教学设计体现了新课程的教学理念，抓住了探究式学习的本质和核心，尤其难能可贵的是，利用生活中常见的电磁炉演示的几个新奇实验，充分调动了学生学习的兴趣和积极性.

利用趣味实验“电磁炉点灯”来引入新课，巧妙设置悬念，引出问题，从心理学的角度吸引了学生的注意，使学生产生问题意识，并极力渴望知道其中的缘由，从而使学生产生了强烈的求知欲和对探究的热情，为后面的探究教学做好铺垫，提高了课堂教学的效率.

在探究活动中通过探究实验一，使学生认识到利用实验一中的方法也会产生感应电流，与学生已有知识“闭合电路的部分导线做切割磁感线运动产生感应电流”产生强烈的冲突，进一步激起了学生探究的欲望和对真理的追求，把学生的注意力深深地吸引在了课堂之中. 再通过探究实验二，讨论交流，概括出结论，达到知识点的统一，使学生体会到成功的喜悦、探究的乐趣.

在得出结论后现学现用：解释“电磁炉点灯”的道理. 最后再次利用电磁炉演示了“点燃锡箔纸实验”，将课堂推向了高潮.

整节课层层推进，体现了探究式教学的核心，将电磁现象生活化，更利于学生的理解与学习，同时也充分激发了学生学习物理的兴趣.

§3.2.2

静 电 屏 蔽

周茹梦

“静电屏蔽”教学设计

【教材选用】

人民教育出版社普通高中课程标准实验教科书《物理》选修 3-1 第一章第七节.

【课标要求】

(1) 了解静电场，初步了解场是物质存在的形式之一；

(2) 了解静电现象及其在生产生活中的应用，用原子结构和电荷守恒知识分析静电现象.

【教材分析】

选修 3-1 是人民教育出版社普通高中课程标准实验教科书《物理》中选修系列模块之一，本模块知识内容分为静电场、恒定电流和磁场三部分. 本模块是学习物理学和其他科学技术的基础，也是了解微观物理学的基础.

“静电屏蔽”是选修 3-1 第一章第七节“静电现象的应用”的内容，从本节的知识安排来看，有较多的物理观点，是静电场知识的预备阶段，为后续与电磁场相关知识的学习打下基础，同时本节的知识与人们的日常生活、生产技术和科学研究有着密切的关系，因此学习这部分知识有着广泛的现实意义.

本节的内容分为两个部分：一部分是让学生理解放入电场中的导体如何达到静电平衡的过程，清楚处于静电平衡状态的导体内部场强为何处处为零. 另一部分是在此基础上理解静电屏蔽及其应用. 鉴于学生刚刚开始接触电场的概念，对电场的理解还比较模糊和生疏，因此对放入电场中的导体如何达到静电平衡的过程，教师可通过实验现象分析引导学生进行归纳.

物理学是一门以实验为基础的学科，教师在教学过程中应该让学生观察物理实验，尊重实验事实，并能够寻求恰当的方法，通过合理的推理和验证来揭示和总结物理现象背后的物理本质. 因此，本节课应该以实验为主线来组织教学，让学生观察实验，总结物理规律，并能做出合理的解释.

【学情分析】

本节课的授课对象是普通高中二年级的学生.

在知识储备方面，学生学习静电屏蔽知识之前，已具备了电场强度、电场线等基础知识，对静电感应现象有所了解，这些为学习本节课奠定了良好的知识基础. 本节课是对前六节知识的一次综合，学生在推理的过程中对旧知识会有一个复习和应用的过程.

在学习能力方面，通过前面的学习，学生已经具有一定的探究能力和动手操作能力，已基本能够运用观察、分析、归纳、比较等科学方法来探求新知识. 但缺乏有计划和有目的的观察，归纳概括能力也比较欠缺，还需要教师稍加引导.

在思维能力方面，学生的思维能力已从形象思维向抽象思维过渡，但对事物的认识仍需要感性材料来辅助. 而“场”是物理学中一个重要的概念，“电场”看不见摸不着的，十分抽象，难以理解，学习难度较大，需要通过实验帮助学生理解静电屏蔽的本质.

在学习兴趣方面，高中学生具有较强的操作兴趣、因果认识兴趣，这就要求教师巧妙地应用物理实验，将抽象的物理知识定性直观地呈现给学生，为之后的模型建构、微观分析提供保障.

【教学目标】

1．物理观念

(1) 知道静电屏蔽平衡状态下空腔导体的电场分布的特点；

(2) 知道静电屏蔽现象，了解其原理，并拓展其应用；

(3) 学生通过对静电屏蔽微观本质的理解，形成经典的物质观、相互作用观，并且能用来解释自然现象和解决实际问题.

2．科学思维

(1)通过经历实验过程，锻炼观察力、想象力，体会科学方法在物理学习中的重要性；

(2)养成使用科学证据的意识和评估科学证据的能力，能基于证据大胆质疑，从不同角度考虑问题.

3．实验探究

(1)通过观察演示实验及对实验现象的分析，培养学生的分析推理能力；

(2)在教师演示完成屏蔽实验之后，学生具有设计全屏蔽实验方案的能力，能使用各种科技手段和方法收集信息，具有合作与交流的意愿和能力.

4．科学态度与责任

(1)通过完成课后活动，学生形成学习和研究物理的好奇心与求知欲，能主动与他人合作；

(2)能基于证据和逻辑发表自己的见解，实事求是，养成科学的研究方法，能够严谨认真地学习.

【教学重点】

理解静电屏蔽现象的原理.

【教学难点】

(1)理解静电场中静电平衡状态下空腔导体内电场处处为零；

(2)运用电场有关知识，分析、推理出产生实验现象的成因.

【教法分析】

找到学生已有知识和本节课要达到的教学目标之间的最近发展区，采用问题驱动法，逐步构建脚手架，帮助提升知识和能力. 在教学过程中，注重师生之间、学生之间的交流，激发学生自主思考. 使学生的主体性得到体现，在知识、技能、方法和情感态度上有所发展.

具体做法是：应用实验探究教学法，利用问题驱动法，将物理实验、PPT 展示、启发式讲授有机结合，降低学生的学习难度，提高学习效率.

【学法分析】

在教师的启发引导下进行观察和实验，透过现象寻找物理本质. 通过实验探究法，经历提出问题、猜想、观察收集证据、现象分析与逻辑推理、交流归纳形成共识等科学探究的部分环节，理解外屏蔽和全屏蔽的微观本质.

【教学准备】

教师教具：手机，锡箔纸，辉光球(电场源)，氖管(电场检测仪)，铁盒子(金属壳)，自制金属笼.

辉光球

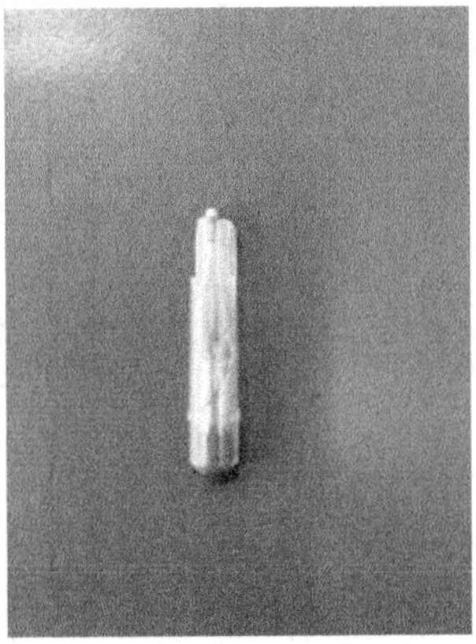

氖管

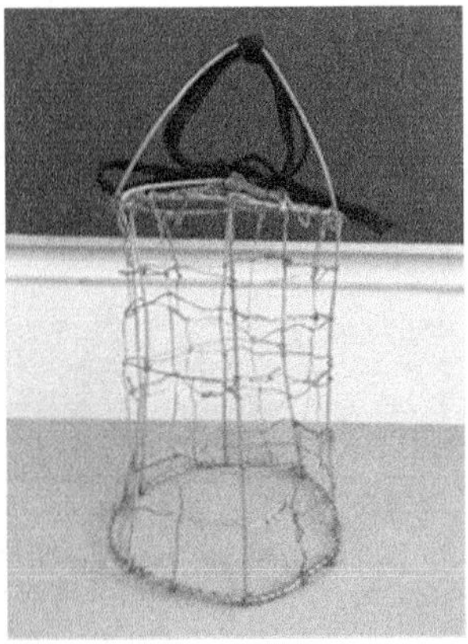

金属笼

【教学流程图】

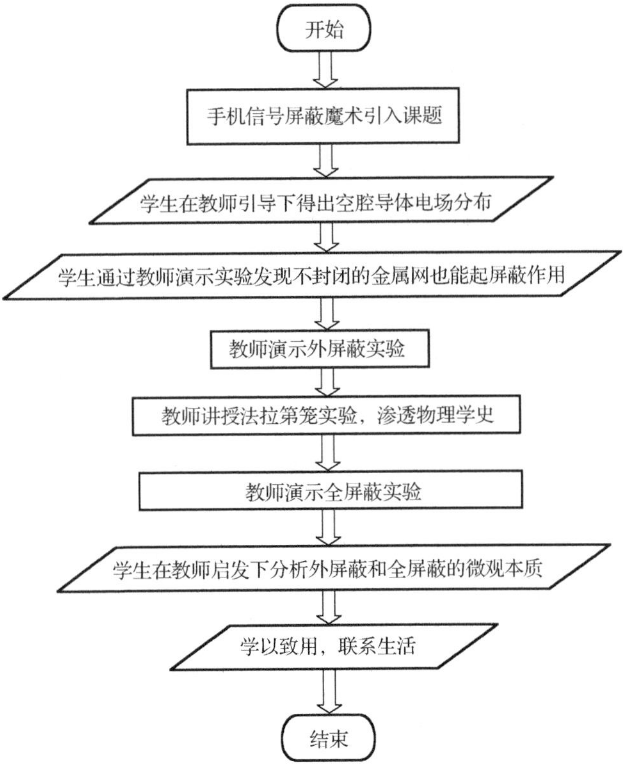

【教学过程】

教学环节	教师活动	学生活动	设计意图
一、趣味魔术引入新课	表演一个小魔术：手机用一张铝箔纸包住之后就无法接通电话了. 教师：为什么万水千山都挡不住的手机信号穿不过一层薄薄的纸？在接下来的学习中，相信大家都能够揭秘这个魔术.	请一名学生配合教师实验. 先给教师的手机打个电话，打开免提功能，教师电话铃声响起. 用铝箔纸将教师的手机包起来，再给这部手机打电话，注意打开免提功能以使所有学生都能听到. 这次发现被铝箔纸包裹的手机打不通，手机中传出“您拨打的电话已关机”的声音.	利用学生的好奇心，用魔术表演抓住学生的注意力，引发学生积极思考.
二、新课教学探究规律	一、空腔导体电场分布特点 1.教师展示辉光球通电后的辉光现象，并对辉光球的原理进行介绍. 教师：辉光球发光是低压气体(或叫稀薄气体)在高频强电场中的放电现象. 玻璃球中央有一个黑色球状电极. 球的底部有一块振荡电路板，通电后，振荡电路产生高频电压电场，由于球内稀薄气体受到高频电场的电离作用而光芒四射. 辉光球工作时，在球中央的电极周围形成一个类似于点电荷的电场. 2.询问班级同学有多少人用过家里的试电笔，是否有人知道试电笔中的氖管. 鼓励学生，不知道氖管没关系，教师对氖管进行介绍. 教师手持氖管(可从测电笔中取)的一极从远处靠近辉光球时，氖管发光，且离辉光球越近，氖管发光越亮. 教师：手持氖管一极相当于接地，氖管发光说明另一极所在空间点与接地点间有一定电势差，氖管越是靠近辉光球，氖管越亮，这说明所测点离球壳越近，与接地点的电势越大，电场越强. 结论：氖管可用来检测是否存在电场. 探究实验： (实验器材：辉光球；氖管；一端开口的铁盒子，即金属壳)将金属壳放在通电辉光球的附近，用氖管对电场分布情况进行检测. 探究问题： (1)金属壳外部是否存在电场？ (2)金属壳内部是否存在电场？ (3)出现以上实验现象的原因是什么？ (4)外电场中金属壳的分布特点是什么？ 实验现象： (1)金属壳外表面附近，氖管发光. 说明金属壳外部有电场分布.	根据教师的介绍对辉光球形成基本的认识. 部分学生用过家里的试电笔，但基本没有人比较清楚氖管的特性. 认真观察，积极思考，回答问题. 通过观察演示实验，能够得出“空腔导体在外电场中达到静电平衡后，内部场强处处为零”的结论.	介绍辉光球的原理和特点，让学生知道辉光球是一个电场源. 、 让学生知道氖管是用来检测电场分布的仪器，为后面的实验做铺垫. 通过实验让学生直观地观察空腔导体的电场分布特点. 培养学生根据实验现象分析原因的能力.

续表

教学环节	教师活动	学生活动	设计意图
	(2)金属壳空腔内部，氖管不亮．说明空腔导体内部没有电场分布． 结论： (1)空腔导体在外电场中达到静电平衡后，内部场强处处为零． 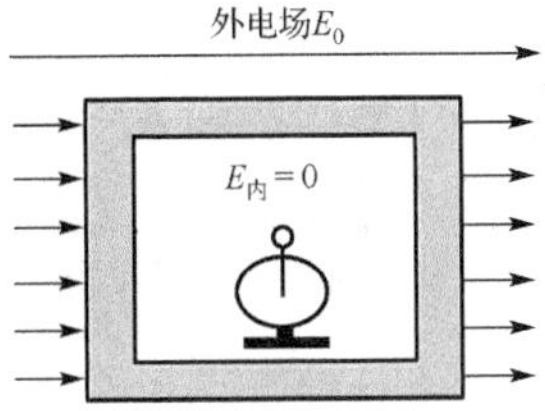 (2)提出静电屏蔽的概念： 把一个电学仪器放在封闭的金属壳内，即使壳外有电场，由于壳内场强处处为零，外电场对壳内仪器不会产生影响．金属壳的这种作用叫作静电屏蔽．		
	二、静电屏蔽的两种情况 1.不封闭的金属笼能否起到静电屏蔽的作用？ (外屏蔽) (1)观看视频：一个演示静电屏蔽的视频．提问：有缝隙不封闭的金属笼也能起到静电屏蔽的作用吗? (2)实验：演示静电屏蔽．	观看视频，思考：有缝隙不封闭的金属笼是否也能起到静电屏蔽的作用．	将静电屏蔽现象拓展到不完全封闭的金属网罩，并培养学生独立思考设计实验的能力．
	提供实验器材：辉光球，小铁笼，氖管．请同学们设计实验方案．  实验现象： 罩住氖管 ——→ 氖管熄灭 外屏蔽概念： 外屏蔽：一个不接地的空腔导体可以屏蔽外电场． (3)介绍法拉第笼实验．	思考设计实验方案： 演示静电屏蔽：打开辉光球制造一个外电场，氖管在外电场附近发光，用一个铁笼子把氖管罩住，氖管熄灭，说明铁笼内无电场，起到静电屏蔽效果．	在实验操作中得出结论，学生能够获得更多的快乐，体验到学习的乐趣．
	早在19世纪，法拉第就已经做了类似的实验，他把自己关在一个铁笼子内，笼外是强大的人工闪电，而他在笼内安然无恙．这个实验就是法拉第笼实验，而这个笼子叫作法拉第笼． 2．能否屏蔽内部电场使其不影响外部? (全屏蔽) 实验：演示屏蔽内部电场．	了解法拉第笼实验．学生从物理学史中体会物理的魅力所在，感受物理学家追求真理、勇于探索的精神．	知识拓展，发挥榜样的力量，引导学生科学探索无止境．

续表

教学环节	教师活动	学生活动	设计意图
	提供实验器材：辉光球，小铁笼，氖管. 请同学们设计实验方案.  实验现象： 罩住辉光球 手提绝缘线 ——→ 氖管发光 手接触笼子 ——→ 氖管熄灭 (手接触笼子相当于接地) 全屏蔽概念： 全屏蔽：一个接地的空腔导体可以同时屏蔽内、外电场. 三、两种静电屏蔽的微观本质 1.外屏蔽	思考设计实验方案： 演示屏蔽内部电场：打开辉光球制造一个外电场，氖管在外电场附近发光，用铁笼子把辉光球罩住，若铁笼子接地，则氖管熄灭，这是屏蔽内部电场. 若铁笼子不接地，氖管仍发光，无法屏蔽内部电场.	教师引导学生理解静电屏蔽的两种类型，并且让学生设计实验进行检验.
	教师利用 PPT 引导学生分析外屏蔽的微观本质. 根据前面学过的知识，如果空腔导体内有带电体，在静电平衡时，它的内表面会产生异号等量的感应电荷，而外表面将产生同号等量的感应电荷. 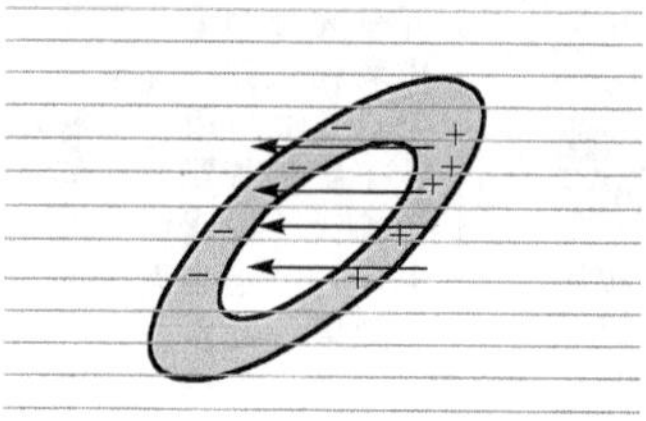 $E_{内}=0$	学生分析得到：如果外壳不接地则外表面将有等量的感应电荷，此时感应电荷的电场将对外界产生影响，这时空腔导体只能阻止外电场对其内部的影响，而不能阻止其内部带电体对外界的影响，所以叫作外屏蔽.	PPT 动画展示外屏蔽和全屏蔽的微观本质，形象直观，有助于学生进一步分析归纳.
	2.全屏蔽 教师利用 PPT 引导学生分析全屏蔽的微观本质. 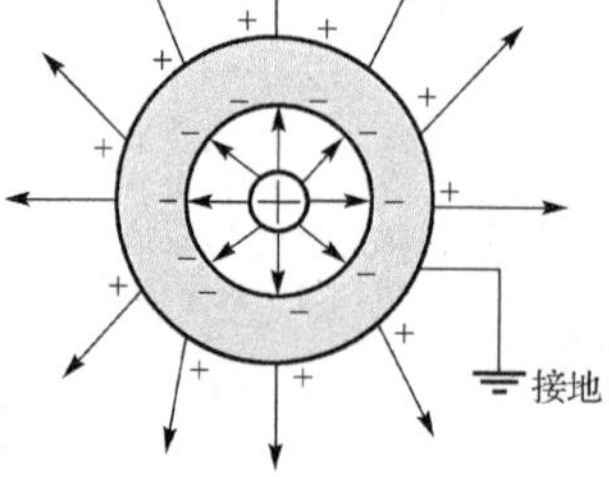 	如果外壳接地，即使内部有带电体存在，这时内表面感应电荷与带电体所带电荷的代数和为零，而外表面产生的感应电荷将通过接地线流入大地，外界对壳内无法影响，而内部带电体对外影响也随之消除，这种屏蔽叫作全屏蔽.	

续表

教学环节	教师活动	学生活动	设计意图
三、知识运用拓展提升	(1)课前魔术揭秘. (2)向学生提问：生活中哪些地方需要利用静电屏蔽？ 学生回答后教师进行总结和补充. 静电屏蔽的应用非常广泛，比如精密电子器件的保护袋，同轴电缆中间有一层铝箔，电路检修人员所穿的屏蔽服．此外，一些防静电鞋子、防静电帽子等日常用品也逐渐出现在我们的视野中，并形成了独特的静电屏蔽产业．相信通过更加深入的研究，静电屏蔽定能更多地造福于人类. (3)静电屏蔽的危害有哪些？让学生课后搜集资料，了解静电屏蔽的危害.	课后查找相关资料，养成自主学习的习惯，学会收集信息.	拓展学生知识面，体会物理与科学、技术、社会之间的联系，培养学生的社会责任感.

【板书设计】

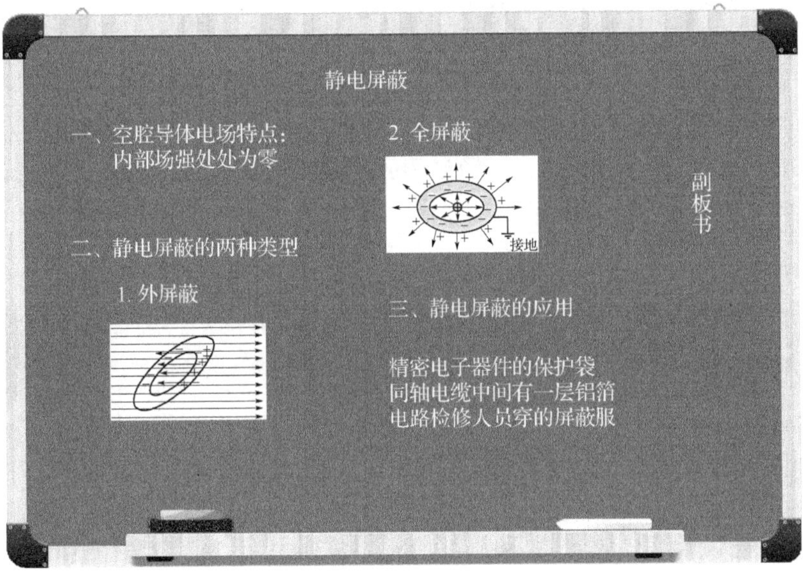

【教学反思】

本节课的关键在于让学生理解静电屏蔽的原理，并能够加以利用，但鉴于电场本身的抽象性，学生刚刚开始接触电场的概念，对电场的分布和特性都还不十分熟悉，再加上导体内部的自由电荷做的无规则运动，学生不太容易想清楚放入电场中的导体自由电荷将怎样运动，这种运动无法用实验展示．因此，采用动画模拟放入电场中的导体内部的自由电荷的定向移动过程，应该对学生理解这个过程有一定帮助，但从科学的角度来分析，电子真实的运动情况是否真的如此还有待商榷，怎样能够更准确、更形象、更真实地模拟电荷运动还有待进一步探讨.

【“静电屏蔽”教学设计评析】

该教学内容来自高中物理人民教育出版社选修 3-1 第一章第七节，新课标对本节课的标准为：了解电场，知道电场是一种物质，并了解生活中关于静电的利用和保护.

该教学设计在明确课程标准的基础上，教师首先以趣味魔术“锡箔纸包住的手机”实验导课，引起同学们的好奇心与求知欲，为进一步学习奠定心理动机；之后，通过实验逐步展开静电屏蔽的相关内容教学，最后介绍生活中的静电屏蔽情况，该部分应用联系生活实际，拓展了学生知识面，增加了物理与科学、技术、社会之间的联系.

本节课层次分明，实验贯穿始终，思路清晰，如果能提供给学生更多参与实验的机会，本节课将是一节很好的教学设计.

§3.2.3

静电感应现象

马　龙

“静电感应现象”教学设计

【教材选用】

人民教育出版社普通高中课程标准实验教科书《物理》选修 3-1 第一章第一节.

【课标要求】

(1) 静电感应是人民教育出版社普通高中课程标准实验教科书《物理》选修 3-1 第一章第一节“电荷及其守恒定律”的一部分内容.

(2)《普通高中物理课程标准(实验)》对这部分内容的要求是：了解静电现象及其在生活和生产中的应用.

(3) 教材编写建议：用原子结构和电荷守恒的知识分析静电现象. 提倡通过实践和探究活动，引导学生加深对静电感应现象的认识，帮助学生理解静电感应的本质.

【教材分析】

(1) 选修 3-1 是人民教育出版社普通高中课程标准实验教科书《物理》中选修

系列模块之一，本模块知识内容分为电场、电路、磁场三部分. 学生通过对本模块的学习将了解和掌握其中的基本物理概念和物理规律，并认识到其对社会发展的深远影响.

(2) 电场概念在物理学中有着重要的地位，而对静电感应现象的学习是学生建立电场概念的基础. 在学习电场之前，通过学习静电感应现象，分析其物理机理，了解和掌握电荷的基本特征，将为电场、电路、磁场的后续学习奠定坚实的知识和认知基础.

【内容分析】

学生已经知道可以利用摩擦起电的方式使物体带电，在这节课中又将学到带电体可以通过非接触式的方式——感应导体使导体带电.

静电感应是利用电荷之间的相互作用，即同种电荷相斥，异种电荷相吸的特征(电场力的作用)，使得金属导体上的自由电子发生定向移动，是导体中自由电荷重新分布的结果. 这是一个非接触性的作用，机理较为抽象. 在教学中如何展现这一过程是一个难点，也是本节课重点要解决的问题.

教学中解决这一问题的指导思想是：通过直观现象认识微观机理，让学生建立清晰的物理图像，为后面电荷守恒定律、电场等的学习奠定基础.

通过对静电感应现象的学习，学生应该得到以下重要结论：

(1) 静电感应现象：一个带电体可以感应导体使其电荷重新分布，从而产生局域带电的现象.

(2) 由于受到感应的导体电荷主要分布在两端，这时若在中间分离导体，被分离的两个部分会分别带电，这便是感应起电. 人们可以通过感应起电的方式使物体带电.

(3) 静电感应是一种非接触式作用方式，它说明感应的作用类似于有一个非接触的力作用在导体之上使其电荷移动.

本节课将与学生一起利用实验探究的方法将微观瞬态过程直观展示出来，从微观层面揭示出静电感应现象的物理过程和机理.

【学情分析】

本节课授课对象为高中二年级学生. 在这之前，学生已经完成了必修模块的学习，初步了解了物理学的特点，并掌握了物理学的一些研究方法. 他们已开始从“经验型”向“理论性”，从“感性认知”向“抽象理解”转化. 他们初步具备了与他人合作学习的意识和习惯，具备了观察和描述实验现象、进行科学猜想假设、辩证逻辑推理以及基本的实验设计和动手操作能力.

学生在此之前已经掌握的相关知识有：

(1)自然界存在两种电荷：正电荷和负电荷. 例如，原子中的带负电荷的电子，带正电荷的原子核.

(2)同种电荷间相互排斥，异种电荷间相互吸引.

(3)在金属中存在大量的自由电子，它们可以在导体中自由移动.

【教学目标】

一、知识与技能

(1)认识到静电感应现象的实质是导体中电荷的重新分布，理解静电感应现象的微观机理，建立起静电感应的物理概念和物理图像；

(2)知道静电感应现象在生活中的应用.

二、过程与方法

(1)经历探究静电感应现象本质的全过程，了解科学探究的一般步骤和方法；

(2)通过参与实验探究，认识到人类对物理现象、规律的认识是逐步深入的，经历直观"观察"电荷的动态运动的过程，体会"放大法"以及将"抽象的物理问题直观化，微观现象宏观化"等物理学思想和方法在物理学研究中的使用.

三、情感态度与价值观

(1)激发学生对物理世界奇妙现象的好奇心和物理学习的兴趣，体验科学探究的乐趣和了解物理世界奥妙后的快乐；

(2)通过合作探究实验，增强团队合作意识，形成合作、交流、相互倾听、共同进步的学习习惯和理念；

(3)领略科学、技术与社会的关系密不可分，关注物理学对社会和人们生活的影响.

【教学重点】

本节课的教学重点是：静电感应现象中电荷重新分布的动态物理过程. 针对教学重点的具体策略是：通过实验将微观带电粒子(电荷)在金属导体中的定向移动由可观测的宏观瞬时电流展示出来.

其目的是：通过这一实验揭示出电荷之间相互作用的物理规律，从而帮助学生深刻理解静电感应的微观机理.

【教学难点】

静电感应现象的本质是电荷重新分布的物理过程，理解这样的物理过程要从微观角度出发，因而显得较为抽象，是学生学习的难点.

突破这一难点的基本思路是：将抽象机理直观化、微观过程宏观化、物理机制图像化.

【教法分析】

通过生活情境导入，利用问题驱动法和巧妙的实验设计，将电荷在导体中的移动由宏观瞬时电流展示出来. 降低学生理解静电感应现象的难度.

【学法分析】

通过教师引导下的学生合作实验探究. 提出问题、做出猜想假设、进行实验验证，最后师生一起对实验结果进行分析，经讨论得出一般性的结论.

教具：玻璃棒，丝绸，验电器，自制静电感应麦克风，光标检流计，铝箔；

学具：玻璃棒，丝绸，电流计，铝箔.

【创新之处】

一、教法创新

通过实验将自由电子(微观带电粒子)在导体中的定向移动由可观测的宏观瞬时电流展示出来. 通过这一实验展现电荷之间相互作用的微观物理规律，揭示出微观运动决定宏观现象的物理过程，从而深刻理解静电感应的微观机理.

二、实验创新

本节课除去导入新课使用的趣味实验外，设计了三个探究实验.

实验 1 是利用验电器，展示出导体上的自由电子在带电体接触和非接触性的作用下，金属箔片均会偏转的现象. 在微观上可以理解为：两个金属箔片在外电荷的作用下，内部自由电荷产生了定向移动，使得金属箔片的下端带有同种电荷，产生相斥作用的结果. 但这仅展示了电荷定向移动后的结果，而不能够说明产生的原因，实验中看不到电荷在导体中移动的过程.

实验 2 是用电流计验证学生“静电感应现象发生时，自由电荷可能定向移动产生瞬时电流”的猜想. 发现电流计指针会发生偏转，但偏转比较微弱，现象不明显.

实验 3 是采取“放大法”(放大微小偏转量，提高观测效果)用光标检流计让学生更清楚地观察到宏观瞬时电流的产生. 说明自由电荷发生了定向移动，揭示出静电感应现象的微观机理和物理过程.

注：实验 1 为接触和感应起电(验电器)，实验 2 为电流计实验，实验 3 为光标检流计实验，详见教学过程.

【教学流程图】

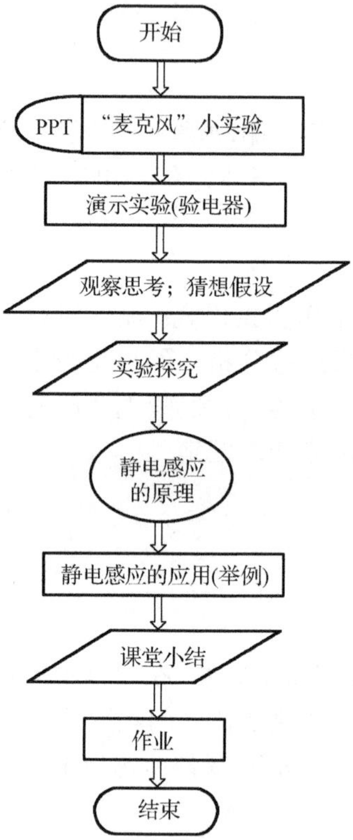

【教学过程】

一、趣味实验引入新课	教师活动	创设情境，引入新课：同学们，上节课我们学习了摩擦起电，这节课我们一起来认识一种新的物理现象，首先请大家来观察一个有趣的实验现象.
	实验观察	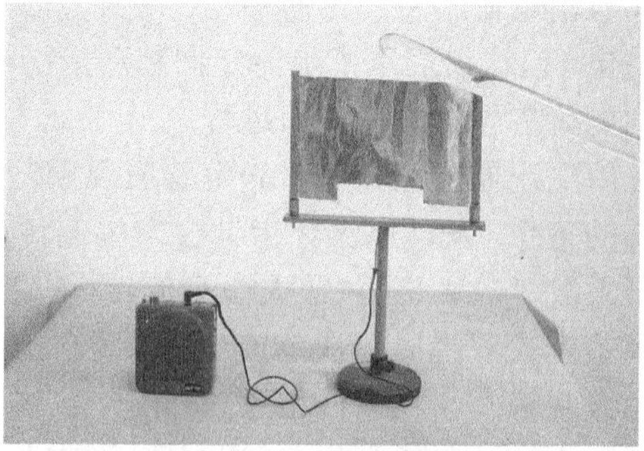
	教师活动	引导学生观察：当丝绸摩擦过的玻璃棒靠近收音机上面的金属箔时，收音机会发出声音，为什么呢？学完本节课“静电感应现象”后，我们就知道原因了.
设计意图	用新奇的实验激发学生学习兴趣，培养学生的观察能力，由此提出问题，引入新课.	

续表

二、实验演示提出猜想	教师活动	进行演示实验 1，引导学生观察.
	实验观察	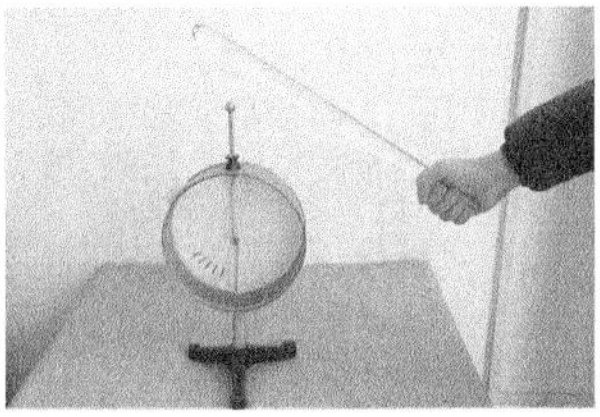
	教师活动	提问：为什么玻璃棒接触验电器上端导体时，验电器指针会偏转，并且玻璃棒移走，指针仍然偏转？
	学生活动	(1)摩擦玻璃棒带正电； (2)带正电的玻璃棒与金属小球接触，验电器带正电； (3)同一种电荷相互排斥. 所以指针偏转了. 再演示一次，请同学们仔细观察有什么不同.
	教师活动	同学们，我们再来观察一下，你发现了什么？与刚才有什么不同？ 玻璃棒没有和验电器接触，验电器指针也偏转了，玻璃棒移开，指针闭合. 提问：验电器带电了吗？
	学生活动	验电器应该没有带电.
	教师活动	提问： (1)验电器没有带电，指针为什么会偏转呢？ (2)猜想一下偏转的原因是什么. 引导学生分析：偏转的原因可能是带正电的玻璃棒对验电器金属头内部自由电子的吸引使其中的电子向着玻璃棒一端定向移动，这样下端便由于缺少电子而带正电，由于正电荷间的相互排斥，指针偏转. 那是不是说由于带正电玻璃棒的作用，金属导体中的电子会发生定向移动，而导致其电荷重新分布呢？
	教师活动	提问：那我们这个猜想和假设是不是正确呢？既然我们猜想是由自由电子的定向移动导致的结果，而电子的定向移动过程会产生电流，那么我们是否可以通过检测电流来证明呢？
设计意图	通过演示实验，引导学生认真观察，鼓励学生利用已有知识，通过分析新的实验现象，认真思考，大胆猜想假设.	
三、实验探究验证猜想	学生自主探究实验	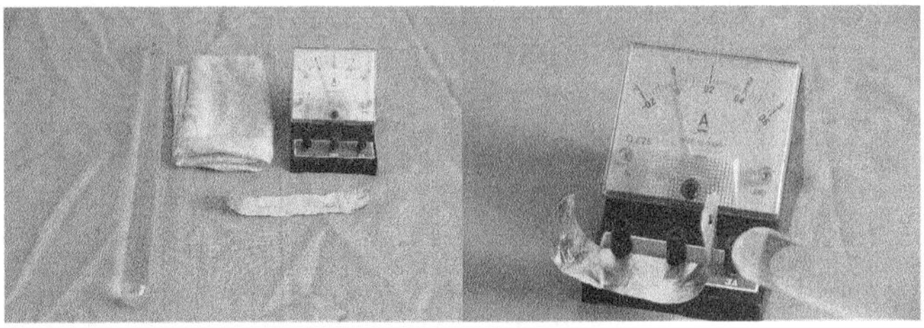
	教师活动	提问：如何设计实验？说明准备的器材(如上图左所示). 引导学生利用提供的器材设计探究实验(如上图右所示). 将一个金属铝箔与 Ⓖ 串联，用玻璃棒靠近串联的铝箔，观察指针变化.
	教师活动	提问： 指针动了吗？

续表

三、实验探究验证猜想	学生活动	进行实验 2： 指针动了，但偏角很小，现象不明显.
	教师活动	引导学生深入思考： 说明我们的猜想是正确的，我们注意到存在着一个问题，就是实验现象非常不明显，那么我们能不能将指针微小偏转放大，进一步证实我们的猜想呢？大家有什么方法吗？
	学生活动	(1)多摩擦； (2)靠近点； (3)换更灵敏的电流计. …… 请同学们都试一试，看是否有改变？ (结果没有改变)
	教师活动	引导学生分析实验现象不够明显的原因，得出增长指针的方法，进而引出用无重量的光代替指针.
设计意图		鼓励学生积极观察和描述实验现象. 引导他们分析可能影响实验结果的多种因素，寻找改进实验的一般方法，提高其逻辑思维能力. 培养学生合作学习的意识和能力.
	教师活动	介绍光标检流计. 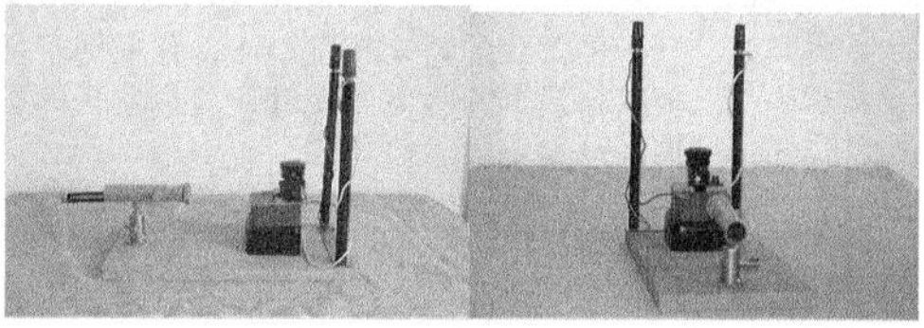 进行实验 3： 将光源开关打开，可以清楚地在黑板上看到一个红色光标，将铝箔与光标检流计串联，重复实验，让带电玻璃棒靠近与光标检流计相连的铝箔，引导学生观察光标是否有移动.
	学生活动	观察到光标有明显移动.
四、得出结论	教师活动	与学生一起进行总结，得出结论： (1)我们的确看到了瞬时电流的产生，说明电荷发生了重新分布，这就是静电感应现象； (2)回顾静电感应过程，得出静电感应现象的定义； (3)解释静电麦克风实验现象.
	教师活动	与学生分享本节课的收获： (1)知道了静电感应现象； (2)学会了如何分析微观现象——微观机理，宏观展示； (3)掌握了放大微小形变的方法——光杠杆法.
	教师活动	展示静电感应在生产、生活中的应用，强调物理与生活的联系.  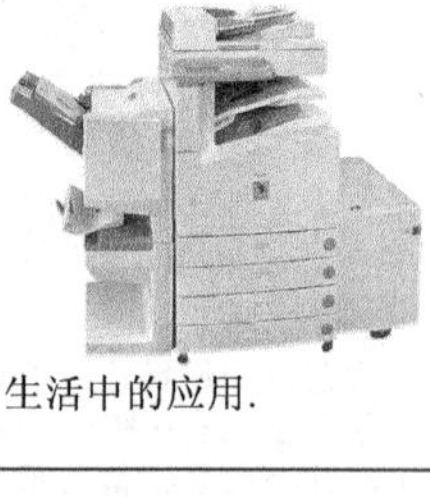 
	学生活动	观察，思考静电感应现象在生产生活中的应用.
	教师活动	布置课后作业： 写一篇关于生产生活中的静电感应现象利与弊的物理小论文.
设计意图		与新课导入首尾呼应，学以致用，巩固新知. 从生活走向物理，从物理走向社会. 拓展课外第二课堂，培养学生自主学习能力.

【板书设计】

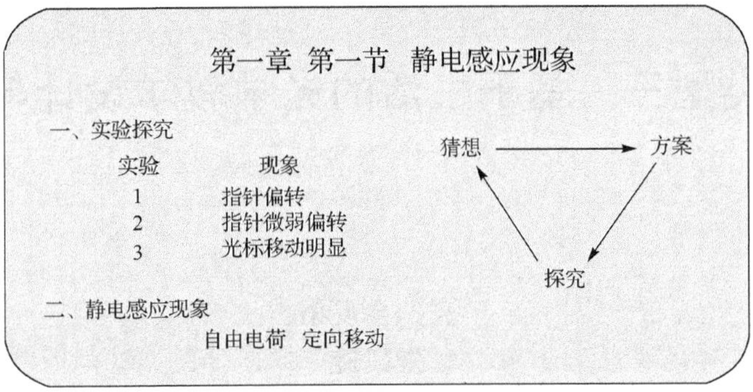

【教学反思】

本节课的设计具有如下优点：

创新实验的应用，把电荷之间相互作用的微观物理规律通过宏观方式展现了出来，实现了微观现象的宏观可视化，有效帮助学生理解了静电感应的微观机理. 引导学生独立主动地分析和深入思考，实现了学生的课堂参与和对知识的建构.

本设计还存在的不足之处：

多媒体的合理应用也是这堂课的关键，微观现象除了现场的演示实验外，还可以再通过多媒体动画放映出来，帮助更多的学生仔细观察，理解所学内容.

【“静电感应现象”教学设计评析】

本节教学设计是将原人民教育出版社选修 3-1 教材中第一节电荷及其守恒定律中的感应起电部分截取出来，单独作为一个实验探究教学来完成的. 静电感应现象是学习电荷守恒定律的又一准备，也是让学生了解物质三大起电方式之一. 人民教育出版社教材对静电感应现象的编排是让学生通过观察导体正下方连接的金属箔的变化，然后通过猜测、推理、引导学生从微观角度了解金属内部自由电子在感应起电过程中的运动状态，从而实现对实验现象的解释，理解感应起电的微观过程. 由于这个过程属于推理解释性过程，金属内部的自由电子的真实运动情况，对学生来说仅是一个大胆的猜测，并没有真实验证.

本案例从这个角度出发，对静电感应起电现象从微观的角度，通过光标指示计的偏转证实自由电子在金属内部确实发生了定向移动，强调了物理知识的严密性和可操作性. 为了提高实验精度，本案例中通过使用光标指示机，将微小电流放大并显示. 这可以很好地帮助学生更好地从物质微观结构的角度，认识物体带电的本质和自由电子在金属导体内发生定向移动，突出了守恒思想.

本节教学设计具有一定的创新性和可操作性. 该设计提供了一种将微小变化进行合理放大，实现物理现象可视化的思路与途径，以此加深学生学习的印象与效果.

案例类型三　基于生活的光学教学设计与评析

§3.3.1

光的全反射
朱凯旋

“光的全反射”教学设计

【教材选用】

人民教育出版社普通高中课程标准实验教科书《物理》选修 3-4 第十三章第二节.

【课标要求】

(1) 知道光疏介质、光密介质、全反射以及临界角的概念；

(2) 理解全反射的条件，能计算有关问题和解释相关现象；

(3) 了解光导纤维的工作原理和光导纤维在生产、生活中的应用.

【教材分析】

(1) 选修 3-4 是人民教育出版社普通高中课程标准实验教科书《物理》中选修系列模块之一. 本模块知识内容分为机械振动、机械波、光、电磁波以及相对论简介五部分. 本节学习的内容是光的基础.

(2) 在这一章中，学生会学到光的反射和折射、光的全反射、光的干涉、光的衍射、光的偏振，进而学习光的颜色色散以及激光. 光的全反射是光的反射和折射知识的延伸，进一步从本质上理解折射定律和折射率；而通过光的学习，有了光速不变的假设，才能进入相对论的学习，对全书起承上启下的作用. 由此可见，光的全反射在该模块中具有重要的地位. 本模块所学内容是与人们的日常生活密切相关的，通过这部分知识的学习，学生对自然界中许多美好的现象进行充分的认识，学会用科学知识解释自然现象.

【内容分析】

在本节课的教科书中，编者按照“光疏介质与光密介质→全反射→临界角→全反射的应用”的顺序编写，从学生熟悉的光的反射和折射内容，延伸至前沿的科技应用，展现了从生活走向物理，从物理走向社会的课程基本理念.

通过对光的全反射的学习，学生应掌握以下知识点：

(1) 光疏介质、光密介质、全反射以及临界角的基本概念；

(2) 全反射的两个条件；

(3) 光导纤维利用全反射的原理进行信号传输.

【学情分析】

本节课的授课对象是高中二年级的学生.

在学习知识方面，学生已经学习了光的反射和折射，以及折射定律和折射率的基本概念；但是对于生活中有关全反射的现象如海市蜃楼很难解释清楚，因此有必要学习全反射的相关知识.

在学习能力方面，学生已经具备了良好的物理知识储存，建立了一定的物理思维，但对物理现象和知识的理解、判断、分析和推理常表现出一定的主观性、片面性和表面性.

在学习兴趣方面，高中二年级学生已经具备了一定的从现象中观察分析能力、实验能力以及探究能力，因此，本节课通过创设各种情境来引起学生好奇心，提高学生学习热情与兴趣.

【教学目标】

1．知识与技能

(1) 知道什么是光疏介质和光密介质，理解光的全反射现象，理解发生全反射现象的本质原因和条件.

(2) 理解临界角的物理意义.

2．过程与方法

(1) 通过对全反射实验过程的观察，能分析出发生全反射的本质原因，能总结出发生全反射的条件；体会透过现象看本质.

(2) 通过对全反射知识的学习，能分析和解释一些简单的现象，了解光的全反射在光导纤维中的应用.

3．情感态度与价值观

(1) 通过一个完整的科学探究的过程，逐步培养学生良好的思维习惯，帮助学生掌握科学探究的方法.

(2) 经历一系列的实验和逻辑推理过程，认识自然界中的物理规律，从而培养学生的科学态度和科学作风.

【教学重点】

发生全反射的本质原因和条件.

【教学难点】

理解发生全反射的本质原因的逻辑推理过程.

【教法分析】

找到学生已有知识和本节课要达到的教学目标之间的最近发展区，采用问题驱动法，逐步构建脚手架，帮助提升知识和能力. 在教学过程中，注重师生之间、学生之间的交流，激发学生自主思考，使学生的主体性得到体现，在知识、技能、方法和情感态度上有所发展.

具体做法是：应用实验演示法，加深学生的印象，使学生完全掌握光疏介质、光密介质、全反射和临界角的基本概念；在此基础上通过逻辑推理得到发生全反射的本质原因以及发生全反射的条件，并利用问题驱动法，将物理实验、PPT 展示、启发式讲授有机结合，降低学生的学习难度，提高学习效率.

【学法分析】

通过教师引导下的师生合作实验探究，在教师的启发引导下进行实验现象分析与逻辑推理，验证讨论得出科学结论.

【教学准备】

教具：清水，水槽，激光笔，光屏.

【创新之处】

一、实验创新

将光的反射、折射以及全反射利用一个实验仪器展示出来.

实验是利用一个水槽，中间插入一根有机玻璃柱. 在水槽内加入一定量的水后，就可以形成空气、水和玻璃柱三种介质构成的六种不同光路方向. 实验仪器不仅能够直观地展示光的反射、光的折射和光的全反射，同时可以较为明晰地推理得出发生全反射的条件. 通过对发生全反射前后的过程展示，也可以直观地感受到随着入射角的增大，交界面对折射光的阻力逐渐增大，当入射角增大到临界角后，这个阻力增大到折射光再无法通过交界面，从而真正理解发生全反射的本质原因.

二、教法创新

在教学中利用直观的实验现象和层层设问，分析、讲解实验结果的产生机理，用学生能够理解的方式，阐释发生全反射的本质原因，顺应学生的理解能力和知识发展水平，一改以往教学中只说明全反射现象而忽视发生全反射的本质原因的探究，体现出透过现象追求本质的科学精神.

【教学流程图】

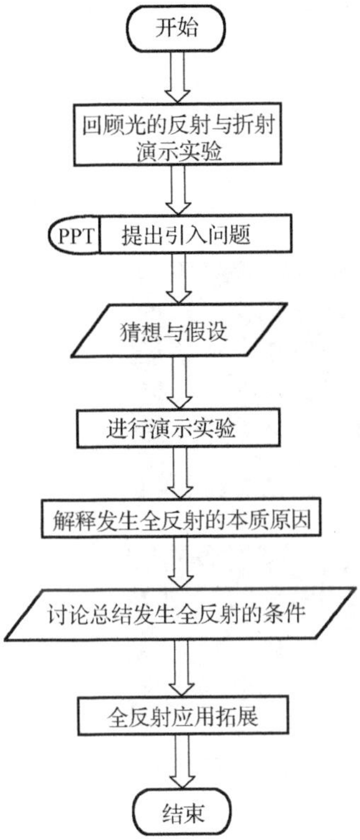

【教学过程】

教学环节	教师活动	学生活动	设计意图
一、新课引入旧知回顾	以光从水中斜射入玻璃柱为例，引导学生回顾上节课学习过的光的反射和折射的相关知识. 用自制教具，演示实验. 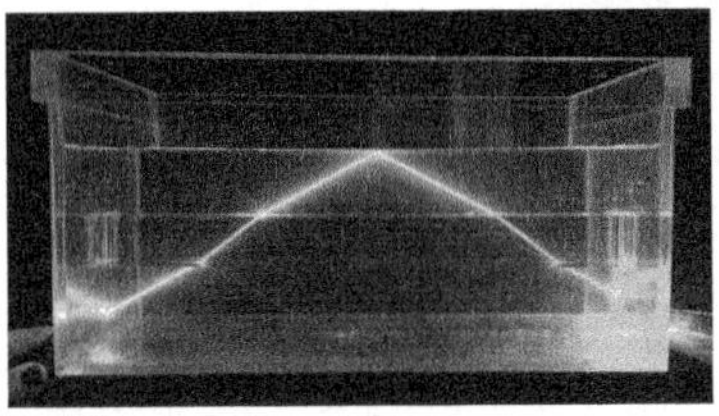 提出引入问题.	积极思考. 观察实验现象，并做好实验记录.	从学生熟悉的光的反射和折射知识入手，为本节课的学习做铺垫，同时，有利于增加学生学习的自信心. 用实验演示，使现象更加直观，同时，激发学生学习兴趣，达到回顾知识的目的.
二、新课教学实验探究	根据折射定律的简单推导，结合引入实验中入射角大于折射角的现象，得到水的折射率小于玻璃的折射率. 提出光密介质与光疏介质的概念，并解释其相对性.	结合已有知识储备，认真思考光密介质与光疏介质的相对性.	从学生熟悉的知识入手，在此基础上引入新概念. 从学生的前概念出发，有利于学生深化认识理解.

续表

教学环节	教师活动	学生活动	设计意图
二、新课教学实验探究	根据折射定律，进行简单讨论，提出问题：当光从光密介质斜射入光疏介质时，折射角会先于入射角达到90°，这个时候会有什么现象？ 演示实验．让光从玻璃柱斜射入水中，并强调同学们注意观察光线的偏折情况和强度变化． 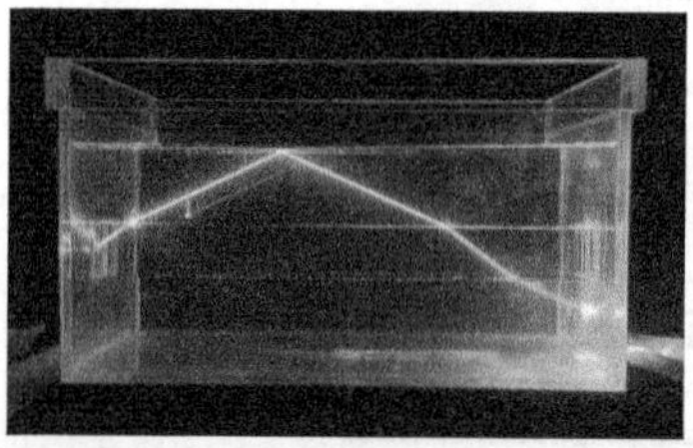 继续增大入射角． 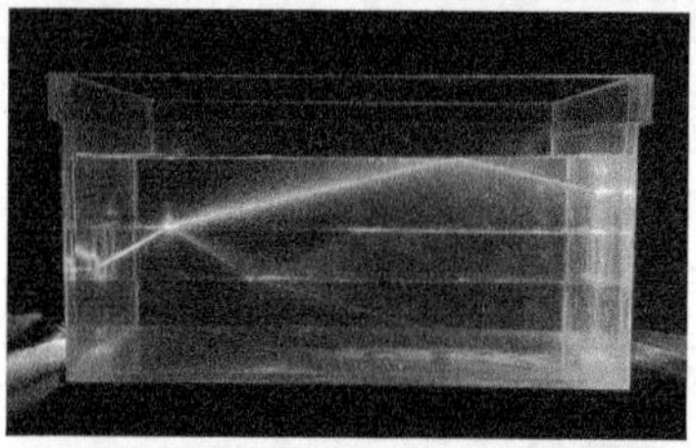 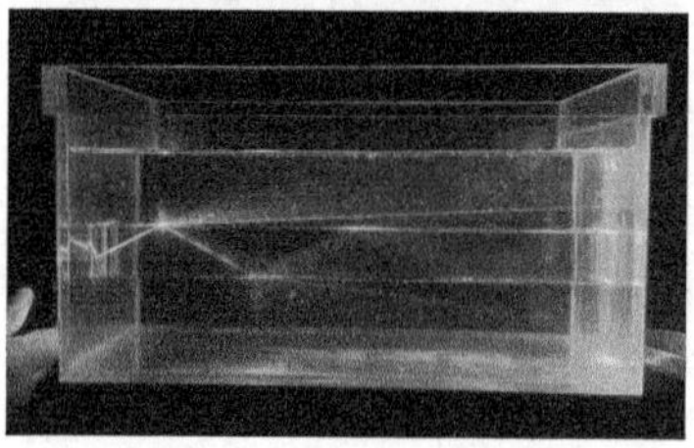 折射角快要达到90°时，做出特别强调，注意观察折射光线的变化． 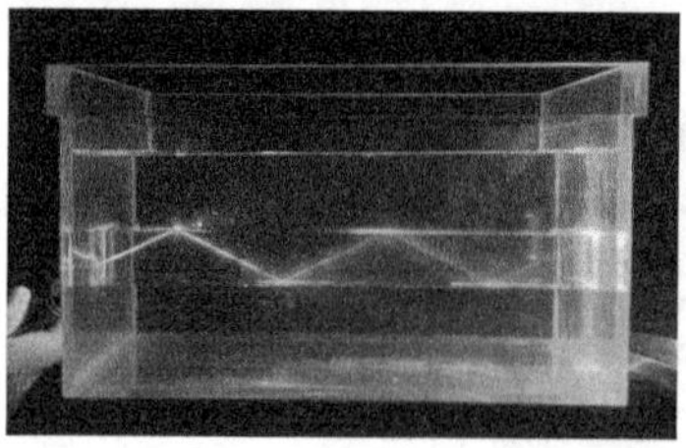 根据实验现象，提出全反射和临界角的概念． 提出问题：发生全反射的原因是什么？	根据先前教师对知识的回顾，大胆猜想． 仔细观察光线的偏折情况和强度变化，做好实验记录． 集中注意，观察折射光线的变化情况． 总结实验现象，得出结论．	用辩证的方法重新看待折射定律，进一步巩固铺垫． 通过一系列连贯的实验，让学生在知识的理解上没有跳跃性．同时实验现象的新颖性和直观性也可以引起学生的注意，提高他们学习的兴趣与热情． 提高学生注意力．达到优化课堂作用的效果． 学生自主对实验现象进行总结，提高学生分析、解决问题的能力．

续表

教学环节	教师活动	学生活动	设计意图
二、新课教学实验探究	结合 PPT 展示发生全反射的过程，从折射定律定量分析和从实验现象定性分析两个不同的维度解释发生全反射的原因. 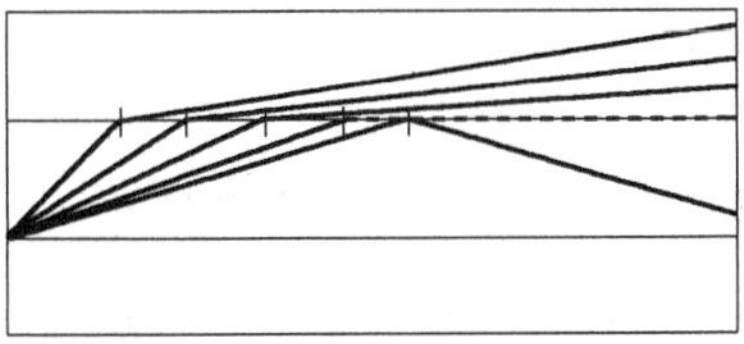 当光从光密介质斜射入光疏介质时，两种介质的交界面对折射光有一个阻力的作用，这个阻力会随着入射角的增大逐渐增大；入射角达到临界角后，阻力大到折射光线再无法通过这个交界面，发生全反射.	结合动画展示，思考分析发生全反射的本质原因.	通过PPT动画演示，学生对光的全反射有了直观认识，接着启发学生逐步深入地认识发生全反射的本质原因. 让学生逐步体会透过全反射的表面现象看到发生全反射的原因的物理本质.
	演示类比实验： 光从玻璃柱斜射入水 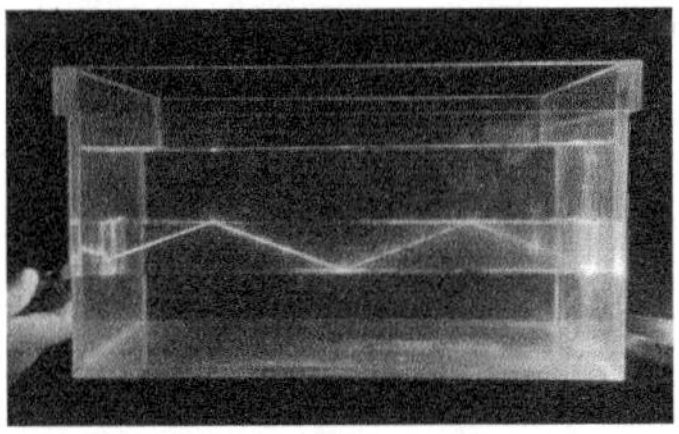 光从水中斜射入空气 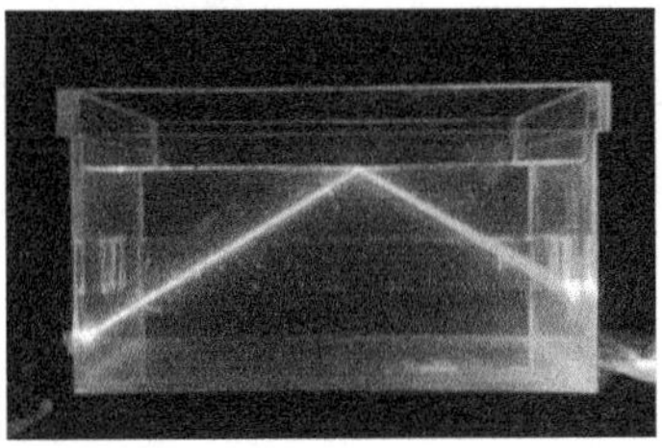 始终可以发生全反射现象. 结论： 发生全反射的条件：光从光密介质斜射向光疏介质；入射角大于或等于临界角.	仔细观察类比实验，找出实验的异同点. 通过总结实验现象，得到实验结论.	设置类比实验，让学生在总结实验现象的共同点的基础上，逐渐渗透发生全反射的条件，为后面的结论总结做好铺垫.
	将能发生全反射和不能发生全反射的六个实验两两对比，得到光从光密介质斜射向光疏介质可以发生全反射，而光从光疏介质斜射向光密介质不能发生全反射的结论.	从六个对比实验中，切身感受发生全反射的条件.	在总结完发生全反射的条件后，直观地展示出发生全反射的条件，有利于学生的深入理解.
	提问：介质对光的这种选择性又是因为什么？ 结合折射定律，解释介质对光有选择性的本质原因.	根据 PPT 的展示，思考介质对光的选择性的原因.	采用问题驱动法，逐步深入.

续表

教学环节	教师活动	学生活动	设计意图
三、课后拓展	举出生活中利用全反射原理的应用实例，比如光导纤维. 请同学们课后上网查阅关于光导纤维材料和技术指标以及我国光导纤维的发展现状.	课后查阅关于光导纤维的相关知识.	引导学生学以致用，拓展学生知识领域.

【板书设计】

§13.2 光的全反射

一、定义：折射光线完全消失，只剩下反射光线

二、原因：介质交界面对折射光的“阻力”大到其再无法通过

三、条件：光从光密介质斜射入光疏介质；入射角大于或等于临界角

四、应用：光导纤维

【教学反思】

本节课的设计具有如下优点：

按照学生的认知规律进行教学，类比实验加深了对全反射现象及其条件的理解，并通过学生讨论、分析，培养学生自主学习、独立思考的能力. 通过将日常生活中的事例引入教学，突出了新课标“从生活走向物理，从物理走向社会”的理念.

本设计还存在的不足之处：

做演示实验时要注意对相关仪器的描述. 教师事先要强调使用激光笔的安全问题，以免学生的无意照射而伤害到其他人的眼睛.

【“光的全反射”教学设计评析】

全反射现象在生活中是一类常见的光学现象，本节教学设计从光的折射入手，探讨了光发生全反射的条件以及相关的应用.

本节教学设计从光的折射现象入手，把空气、水和玻璃砖两两组合，先让学生观察折射光路，通过对实验现象的观察，让学生感知到其中的光路差异，自然而然得出光疏介质和光密介质等物理概念，也让学生更容易体会其中的内涵.

接下来通过实验操作，让学生独立观察入射角、反射角和折射角的变化，以及光线亮度的变化，直到全反射现象的发生. 引导学生独立思考总结了全反射现象发生的条件，并引导学生对全反射现象进行深入研究讨论. 这一部分物理知识的建构，层层深入而又彼此关联，可以达到预期的教学效果.

随后设计了全反射现象的应用——光导纤维，这有利于开阔学生视野，加深学生对全反射的认识和理解，激发学生学习物理的兴趣.

§3.3.2

光的折射

伍　双

“光的折射”教学设计

【教学对象】

高中二年级学生.

【教材选用】

人民教育出版社普通高中课程标准实验教科书《物理》选修 3-4 第十三章第一节.

【教材分析】

1．教材的地位和作用

本节是这一章的起始课，光的折射知识在初中学习的基础上进一步深化，为学生对光的整体认识铺垫框架.

2．教材内容安排

在初中已经定性地学习过折射知识的基础上，类比反射定律，定量地分析折射角与入射角的关系，得出折射定律. 通过对折射定律中 n 值的分析得出折射率的概念，并介绍物质折射率与光在这种介质中传播速度的关系.

3．教材特点

本节教材内容跟学生生活密切相关，充分体现了从生活走向物理、从物理走向社会的新课程理念，易引起学生的兴趣.

【学情分析】

1．学生的知识基础

学生在初中已经定性地学习过光的折射知识，并且学习了光的反射定律.

2．学生的兴趣特点

学生具有很强的好奇心，对于学习内容贴近生活及有动手操作的物理课堂有较强的学习兴趣.

3．学生的能力特点

(1) 具备了一定的实验操作技能和分析概括能力，会分辨入射角及折射角并准确读出角度示数；

(2) 具备一定的逻辑分析能力，能根据实验数据做出合理的猜想；

(3) 拥有一定的自主学习、合作探究的能力.

【教学目标】

1．知识与技能

(1)知道折射现象，并能运用所学知识解释现象发生的原因；

(2)猜想折射定律的内容，能够设计实验进行定量探究.

2．过程与方法

(1)通过类比光的反射定律，猜想折射定律中两角可能存在的定量关系；

(2)通过设计定量的折射光路探究猜想值的科学性.

3．情感态度与价值观

(1)领略折射现象的神奇，关注光的折射在生活和社会中的应用；

(2)通过生活化情境的创设和实验探究过程，培养严谨的科学态度和科学素养.

【教学重点】

探究光的折射定律.

【教学难点】

(1)如何通过定性的分析猜想入射角和折射角的关系；

(2)如何通过定量的实验探究找出入射角和折射角的定量关系.

【教学方法】

采用启发式和探究式教法，并结合讲解、探究、实验等多种方法辅助教学.

【教学流程图】

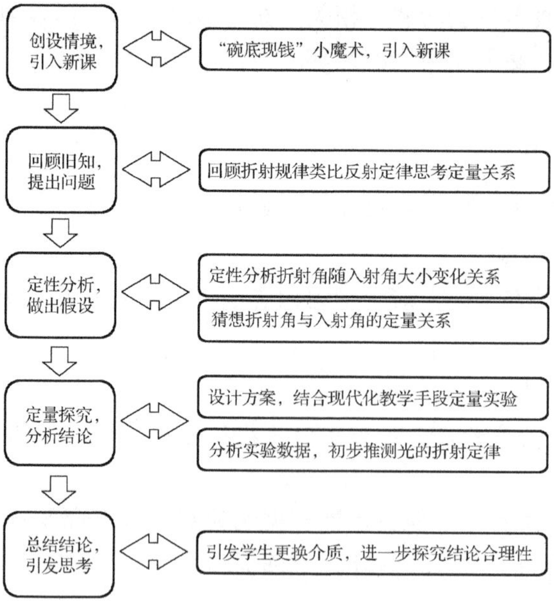

【教学过程】

教学环节	教师活动	学生活动	设计意图
一、创设情境，引入新课	创设情境： 播放“碗底现钱”小魔术．在碗底放入一枚硬币，移动视线直至看不见硬币为止，这时在碗中加入水，可以发现“消失”的硬币又出现在视线中．  提出问题： 为什么在碗中加入水后就可以看见硬币了呢？ 分析原因： 回顾初中光的折射知识，分析光路图． 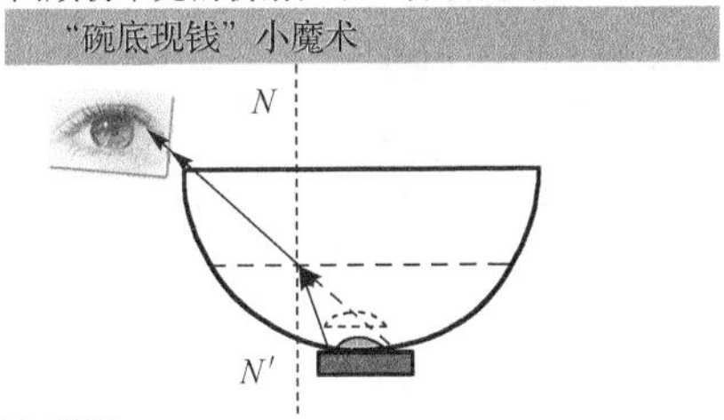 引入新课： 那么光究竟是如何偏折的呢？让我们在初中学习的基础上继续探究光的折射．	学生认真观察及描述魔术现象；思考其变化背后的原因． 思考回答： 因为光的折射．	通过视频演示能够让学生更直观地看到魔术现象．情境设置贴近生活，更能激发学生对本节课的兴趣，同时为课堂内容做好铺垫．
二、回顾旧知，提出问题	回顾旧知： 回顾初中所学知识，引导学生将折射现象与反射现象进行类比． 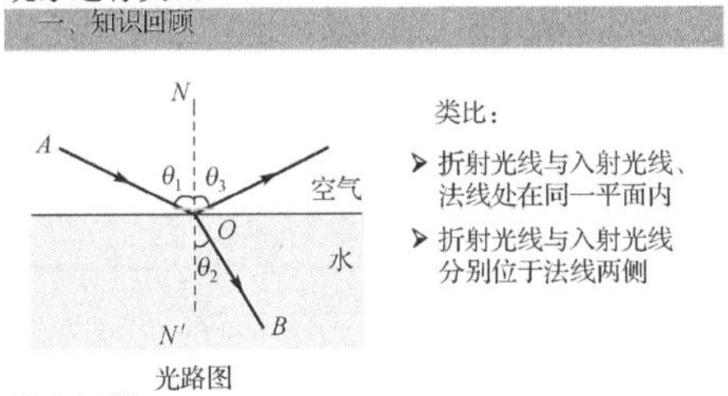 光路图 提出问题： 是不是与反射定律相类似，入射光线与折射光线之间也存在着某一定量的关系呢？	类比复习： 根据光路图回忆光的折射与反射．得出“三线共面”“两线分居”的结论．	培养学生利用已有知识解决问题的能力，并且学会类比学习的方法，达到温故知新的目的．
三、定性分析，做出假设	定性分析： 引导学生回忆入射角与折射角的定性规律，即折射角随入射角的增大而增大、减小而减小． 引导猜想： 根据折射角与入射角的定性关系，首先猜测可能入射角 θ_1 与折射角 θ_2 之差是一个定值，并引导学生对其他可能的情况进行猜想．	回顾分析： 折射角与入射角呈正相关关系． 猜想假设： 通过交流讨论和自主探究形式猜测出可能存在的定量关系．	通过启发式学习和探究式学习，引导学生进行合理的逻辑推理． 有利于学生感悟科学探究方法，提升科学探究能力．

续表

教学环节	教师活动	学生活动	设计意图
三、定性分析，做出假设	二、提出猜想 猜测 $\theta_1-\theta_2$　　$\sin\theta_1-\sin\theta_2$　　$\tan\theta_1-\tan\theta_2$ $\dfrac{\theta_1}{\theta_2}$　　$\dfrac{\sin\theta_1}{\sin\theta_2}$　　$\dfrac{\tan\theta_1}{\tan\theta_2}$ 其中一个为定值		
四、定量探究，分析结论	实验探究： 通过教师自制的实验教具对学生提出的合理猜想进行探究和验证．定量测量出一系列入射角与折射角的大小． 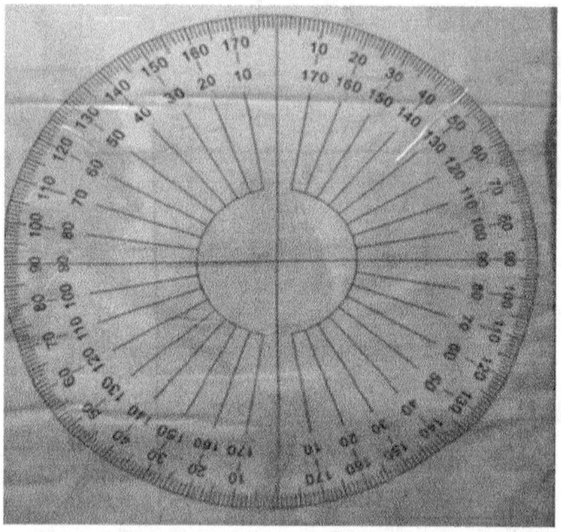 数据处理： 利用 Excel 软件，根据测量出的角度计算出各猜想关系的数值，并引导学生观察数据，猜测初步结论．	观察现象： 两同学上台演示实验，其余同学认真观察实验现象． 分析结论： 通过观察实验数据：只有两者正弦值之比基本稳定在 1.33 左右，而其余数值都有较大的波动．得出初步结论：$\dfrac{\sin\theta_1}{\sin\theta_2}=n$．	通过提出问题—定性分析—猜想假设—定量实验—分析结论的科学探究过程，提升学生学习物理的乐趣、增强学生的科学素养．

【板书设计】

【教学反思】

对于这节课的教学设计在初步实践之后，发现还有以下几点不足的地方需要进一步改进：

(1) 可以再多设计几个演示实验，最好是我们生活中经常能够看到的现象. 让学生充分地参与到课堂中来，加强与学生的互动.

(2) 条件允许的前提下，可以让学生进行分组合作来探究入射角和折射角之间的关系，让学生亲自动手才能更好地调动学生的兴趣和课堂的氛围. 教师也要仔细地给予指导，防止学生在课堂上只顾着玩实验器材.

(3) 关于实验数据的处理，我们其实可以采用 Excel 来进行处理，无疑会更好地得到结论以及提高课堂的效率. 这也是一个可以改进的地方.

(4) 在讲完相关知识以后，可以多举一些生活中的实例，让学生认识到物理在生活中的确是无处不在，对我们每个人的生活有非常重要的作用.

【“光的折射”教学设计评析】

该节教学内容选自人民教育出版社普通高中课程标准实验教科书《物理》选修 3-4 第十三章第一节“光的反射与折射”.《普通高中物理课程标准(2017 年版)》对该部分的要求是：通过实验，理解光的折射定律，会测量材料的折射率.

该教学设计从“碗底现钱”这一有趣现象入手，在提出“钱为什么会消失”这一问题的同时，引出要研究的物理问题，并通过猜想、类比、归纳等科学思维活动及实验探究过程，引导学生逐步建立起“光的折射”这一物理概念.

该教学设计秉承了中学物理教学从形象到抽象的教学原则，注重开发学生的科学思维及提高学生的科学探究能力，同时有助于发展学生对科学本质的认识，是一份优秀的教学设计.

案例类型四　基于生活的热学教学设计与评析

§3.4.1

热 传 递

邓　攀

“热传递”教学设计

【教材选用】

人民教育出版社普通高中课程标准实验教科书《物理》选修 3-3 第十章第二节.

【课标要求】

(1) 学会用能量的观点分析热运动的问题;

(2) 从微观角度认识热传递的物理过程，掌握和理解热学宏观状态演化规律.

【教材分析】

(1) 选修 3-3 是人民教育出版社普通高中课程标准实验教科书《物理》中选修系列模块之一. 本模块知识内容分为分子动理论，气体，固体、液体和物态变化，以及热力学定律四部分. 本节学习的内容是热力学定律的基础.

(2) 在该模块热力学定律这一章中，学生会学到功与内能的关系、热传递与内能的关系，进而学习热力学第一定律、能量守恒定律以及热力学第二定律. 热传递是“热和内能”这一节的基础，热传递过程的本质是微观粒子间相互碰撞的结果，因此从微观粒子热运动的角度深入理解热传递过程对于进一步掌握热力学基本规律具有重要意义. 由此可见，热传递在该模块中具有重要的地位. 本模块所学内容是与人们的日常生活密切相关的，通过本节课的讲解，对于学生深刻理解热学基本规律，拓宽学生视野，激发学生进一步探索科学奥秘具有重要作用.

【内容分析】

在上节课中，学生已经学习了对系统做功和加热与内能的关系，已经建立起了内能的基本概念. 但在给系统加热时，热量是如何传递的，是如何达到热平衡的，则是理解加热改变内能的关键. 本节课通过简单、可视化的典型实验展示出热传递的物理过程，由此讲解热传递的微观机理.

通过对热传递的学习，学生应掌握以下知识点：

(1) 微观粒子间的碰撞是能量传递本质；

(2) 大量微观粒子间的无规碰撞是系统达到热平衡的关键；

(3) 新的平衡态表明了系统内能发生了变化.

【学情分析】

本节课的授课对象是高中二年级理科班的学生. 在学习能力方面，学生已能够观察和描述实验现象，但并不完全具备通过观察和分析实验现象将知识由特殊推广到一般，进而得出物理概念的能力.

在学习兴趣方面，高二学生的间接兴趣已经有所发展，但直接兴趣才是学生加强注意力、提高学习效率的关键. 巧妙的物理实验，可以将抽象的物理知识直观地呈现给学生，激发学生的兴趣，帮助他们建立物理模型，深刻理解物理本质.

学生已有的知识基础：

(1) 初中阶段已经学习了物态变化的相关知识；

(2) 学生在前一节学习中已经掌握了做功和热量与内能变化的关系，对内能与哪些因素有关以及内能的改变已有了一定的认识.

【教学目标】

1. 知识与技能

(1) 结合实验现象与结果分析，认识内能的改变过程与热传递相关；

(2) 理解热传递的本质是具有不同能量分子间发生碰撞的能量传递过程.

2. 过程与方法

(1) 经历探究“热传递过程中存在具有一定规律的分子运动”全过程，了解科学探究的一般步骤和方法，体会透过现象看本质，以及从微观机理分析入手，认识宏观现象与微观运动之间的关系；

(2) 经过实验探究和逻辑推理，体会将“实验与逻辑推理相结合”“抽象的物理问题直观化”以及“微观本质决定宏观结果”等物理思想和方法在物理学研究中的重要作用.

3. 情感态度与价值观

(1) 经历一系列的实验和逻辑推理过程，认识自然界中的物理规律，建立起正确认识和理解世界的人生观与价值观；

(2) 通过联系生活实际获得物理知识，意识到物理与生活、物理与人生的紧密联系，提高认识世界的层次.

【教学重点】

热传递现象发生的过程和本质，是本节课的教学重点.

【教学难点】

如何从现象到本质，帮助学生理解热传递可以改变内能，而热传递的本质是分子之间发生碰撞过程中的能量传递，是本节课的教学难点.

【教法分析】

找到学生已有知识和本节课要达到的教学目标之间的最近发展区，采用问题驱动法，逐步构建脚手架，帮助提升知识和能力. 在教学过程中，注重师生之间、学生之间的交流，激发学生自主思考，使学生的主体性得到体现，在知识、技能、方法和情感态度上有所发展.

具体做法是：应用对比实验，加深学生的印象. 进而通过对实验现象的分析，使学生完全掌握发生热传递现象的原因，并利用问题驱动法，将实验、PPT 动画展示、理论推导有机结合，将抽象机理直观化、微观过程宏观化、物理机制图像化，降低学生学习难度，提高学习效率.

【学法分析】

通过教师引导下的师生合作实验探究，在教师的启发引导下进行实验现象分析与逻辑推理，经验证讨论得出科学结论.

【教学准备】

教具：激光笔，水槽，温度计，热水，冷水；
学具：水杯，热水.

【创新之处】

一、实验创新

将热传递和热平衡的过程用光的散射和折射现象直观展示出来，利用分子的微观运动规律解释宏观现象是我们的创新点.

实验是利用两个水槽，分别装有冷水和热水. 激光在冷水槽靠近中间分离玻璃板附近通过. 由于靠近分离玻璃板的冷水首先被加温，温度的升高会使得分子热运动加剧，导致彼此间的碰撞增加. 而分子的能量可通过碰撞过程实现能量传递或热量的传递. 这样会在靠近中间分离玻璃板的冷水端形成温度梯度区域. 当光经过具有温度梯度的区域会产生散射现象，从而在出射光中形成一条散射光线. 这种现象与热传递相关，我们通过划分温度梯度区域讲解热量的传递过程. 经过大量分子间的无规则碰撞，可逐渐减小梯度，最后达到热平衡. 这时散射光线会随之消失.

二、教学创新

在教学中，利用直观的实验现象和层层设问，与学生一道，分析、讨论实验结果的产生机理. 通过使物理机制图像化的物理学研究方法，体现出透过现象追求本质的科学方法与科学精神.

【教学流程图】

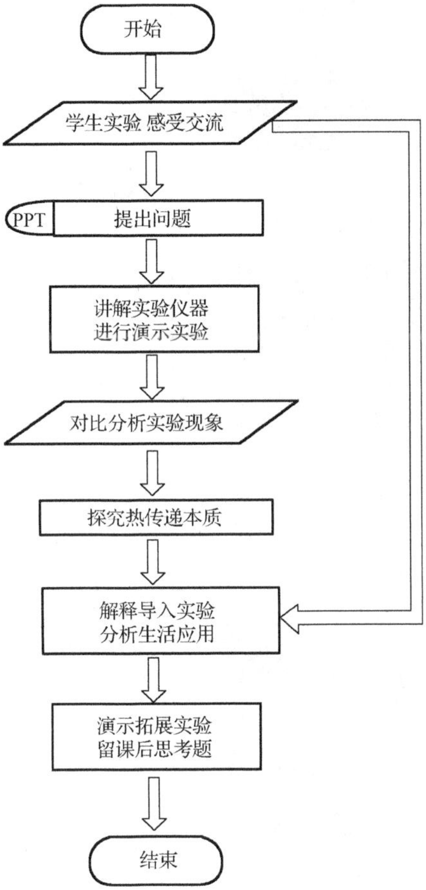

【教学过程】

教学环节	教师活动	学生活动	设计意图
一、新课导入，学生实验	引导学生感受热水杯周围的温度变化.	学生实验：手慢慢靠近盛有热水的杯子，感受温度的变化. 学生谈论感受.	通过日常生活中常见的现象引出问题，促进学生思考.
	提出问题：热量是如何传递的？	积极思考教师问题.	留下疑问，为后面的学习埋下伏笔.

续表

教学环节	教师活动	学生活动	设计意图
二、新课教学，实验探究	展示教具“光学-热传导演示仪”，并对器材进行说明. 	仔细观察教师展示的实验器材.	这是一个根据物理机理自制的实验仪器. 该仪器能够很好地展示热传递的物理过程，能够激发学生的兴趣，深入理解物理机理.
	演示实验 1：水槽两侧加入冷水并将激光垂直入射. 	观察实验现象，并做好实验记录.	在课堂中开展实验，将抽象的知识用直观的现象呈现给学生，有助于学生更好地理解所学内容.
	演示实验 2：水槽两侧分别加入冷水、热水，激光垂直入射. 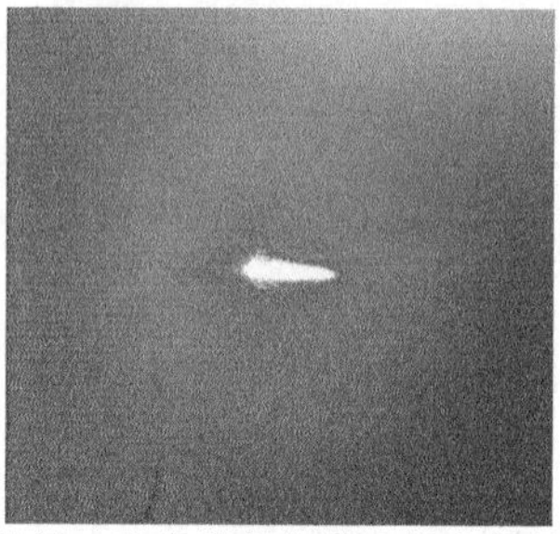	观察实验现象，对比实验 1，并做好实验记录. 用两只温度计，分别检测水槽两边的温度，并记录.	用光的折射和散射展示热传递的过程，吸引学生注意，激起学习兴趣. 回顾已学知识，为本节课学习知识做铺垫.
	提问：光线的变化是由什么原因造成的？	结合已有知识储备，回答能造成光线变化的原因.	
三、拓展应用，巩固知识	演示实验 3：冷水相互混合，激光垂直入射. 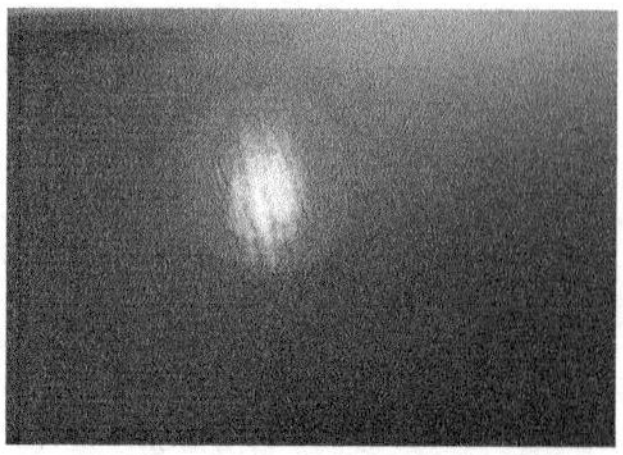	猜想水的冲击会不会使光斑变化，并通过观察实验现象得到结论.	设置对比实验，排除水的冲击对热传递现象的影响.

续表

教学环节	教师活动	学生活动	设计意图
三、拓展应用，巩固知识	演示实验 4：冷水、热水相互混合，激光垂直入射. 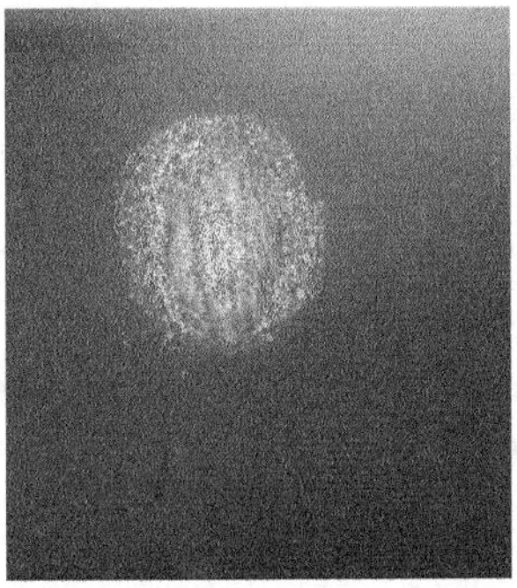	观察实验现象，结合演示实验 2 分析光纹产生的原因.	用实验展示出日常生活中看不见的物质融合过程，提高学生课堂注意力.

【板书设计】

10.2　热传递

一、实验探究：热传递本质

二、理论分析：

三、拓展应用：解释现象

【教学反思】

本节课以实验探究为主线，将热传递的微观机理通过宏观现象展示出来. 课堂上，学生从生活中常见现象中生成问题，再在教师的引导下观察演示实验，不断思考，对热传递的微观本质有了深入的理解. 学生的主体作用和教师的主导作用在课堂上有机结合，打造了学生高效参与的课堂.

在课堂后期也出现了少数同学走神的现象. 因此，如何调动全体学生的持续的积极性仍是需要进一步思考和改进的问题.

【“热传递”教学设计评析】

本节教学设计是将人民教育出版社选修 3-3 第十章第十节“热和能”中的热传递作为一节教学内容来完成的.

该案例中，三维课程目标制订合理，教材分析考虑了学生已有的知识基础和接受能力，重点、难点明确. 教学环节安排合理，逻辑严密，层层铺垫.

该案例中，注重调动学生学习的积极性，努力使学生主动参与到各个教学环节之中，采用问题探究的教学方法，通过师生之间、学生之间的交流，有利于学生对热传递的理解，体现了新的教学理念.

该案例中，通过自制演示实验 1，很好展示了热传递的物理过程；通过演示实验 2，将抽象的物理知识用直观的现象呈现出来；通过自制演示实验 3，用光的折射和散射展示热传递过程；通过自制演示实验 4，展示日常生活中看不见的物质融合过程. 这种设计收到了较好的教学效果，提高了课堂教学率.

案例教学手段先进，有创新，利用自制演示实验，经过实验探究和逻辑推理，利用分子的微观运动规律解释宏观现象是该教学设计的亮点.

§3.4.2

液体的表面张力

刘　彬

“液体的表面张力”教学设计

【教材选用】

人民教育出版社普通高中课程标准实验教科书《物理》选修 3-3 第九章第二节.

【课标要求】

(1) 通过实验，观察液体的表面张力现象；
(2) 解释表面张力产生的原因；
(3) 交流讨论日常生活中表面张力现象的实例.

【教材分析】

(1) 选修 3-3 是人民教育出版社普通物理课程标准实验教科书《物理》中选修系列模块之一，本模块知识内容分成“分子动理论”“气体”“固体、液体和物态变化”“热力学定律”四部分. 在本模块中，学生将从宏观和微观两个角度认识热现象的规律，并运用“统计思想和能量转化与守恒定律”解释现象、处理问题.

(2) 液体表面张力在物理学中有着重要的地位，它为研究流体的诸多特性提供了理论依据，并在教材里上承“液体的微观结构”，下启“浸润与不浸润现象”. 同时，表面张力的微观解释主要基于分子动理论的基本观点，因此本节内容是分子动理论的综合拓展和运用.

【内容分析】

教材首先从学生熟悉的现象出发，强调实验和观察、学生的参与和思考，在此基础上，结合分子动理论的有关知识，从微观的角度解释表面张力的产生原因. 最后，设置了表面张力的生活实例，展现了从生活走向物理，从物理走向社会的课程基本理念.

通过对液体表面张力的学习，学生应：

(1) 掌握液体表面张力的概念；

(2) 理解表面张力的产生原因；

(3) 解释日常生活中表面张力现象的实例.

【学情分析】

本节课的授课对象是普通高中二年级的理科班学生.

从知识基础看，在学习这部分内容前，学生已经学习了液体的基本性质和分子动理论的相关知识，对生活中的各种液体及其特性具有丰富的感性认识，故学生具备了深入探究和学习液体表面张力的基本能力，但缺乏运用分子动理论相关知识，分析、解释实际宏观热现象的知识迁移和应用能力.

从认知特征看，高中二年级学生的思维方式往往停滞在知识接受层面，忽视概念、规律的物理本质，并且对物理现象的理解常表现出一定的片面性，进而需要教师引导，通过同化和顺应完成知识的建构过程.

从学习兴趣看，学生较难集中注意力，这就要求教师巧妙地应用物理实验，将抽象的物理知识定性直观地呈现给学生，激发学生的学习兴趣，为之后的理论分析提供一定的保障.

【教学目标】

1．知识与技能

(1) 认识液体表面张力的物理现象；

(2) 能从微观角度解释液体表面张力形成的原因.

2．过程与方法

(1) 通过液体表面张力的实验探究，初步掌握将液体表面凸起现象进行光的可视化放大的方法；

(2) 经历液体表面张力概念的建立过程，学习从感性到理性的物理研究方法；

(3) 运用模拟方法，学习用分子间作用力解释宏观现象的方法.

3．情感态度与价值观

(1)通过现象认识本质，体会宏观液体表面张力与微观分子力之间的必然联系，理解与掌握认识客观世界的科学方法；

(2)学生通过联系生活实际获得物理知识的体验，拉近物理与生活之间的距离，亲身感受物理学习的魅力所在．

【教学重点】

从宏观和微观角度认识液体表面张力，并理解表面张力的产生原因．

针对教学重点所采用的教学策略：通过将实验探究与理论分析相结合的手段，逐步引导学生运用分子动理论的知识，从液体的微观结构出发进行理论分析，并结合自制模具与实际生活现象，进一步理解液体的表面张力．

【教学难点】

液体表面张力概念的建立，以及通过实验现象理解分子间相互作用力的变化关系从而解释表面张力的成因．

针对教学难点所采用的教学策略：通过创新实验，用观察光斑明显的变化代替观测加入回形针后水面的微小凸起，并结合观察桌面上的水滴发现液面的特点，如此做好理论分析的铺垫．

【教法分析】

找到学生已有知识和本节课要达到的教学目标之间的最近发展区，采用问题驱动法，逐步认知构建，帮助学生提升知识和能力．在教学过程中，注重师生之间、学生之间的交流，激发学生自主思考，使学生的主体性得到体现．

具体做法是：通过吹肥皂泡引入新课，激发学生的学习兴趣，巧妙的实验设计将抽象的物理问题直观地展示出来，逐步构建框架，在实验定性认识的基础上进行理论分析，帮助学生提升知识和能力．在教学过程中，激发学生思考，希望学生能够在知识与技能、过程与方法、情感态度与价值观三个方面得到全面的发展．

【学法分析】

学生在引导下思考问题、实验探究、定性认识、理论分析．通过设置问题情境，经历实验探究过程，发现液面的特点，通过已有分子动理论知识对微观结构进行分析，解释液体表面张力的产生原因，最后在教师的引导下，学生运用所学知识联系生活实际，拉近学生与物理学之间的距离．

【教学准备】

教具：水，纸杯，回形针，激光器，锥形瓶，橡皮膜，打气筒．

【创新之处】

一、实验创新

向盛满水的杯中加入回形针，将水面收缩凸起的微小变化利用光斑的明显变化展示出来.

杯中盛满水时，水面与杯口相平，而加入回形针后，水面收缩隆起形成凸面，但由于水的表面张力较大，液面变化不易观察，故利用激光器设计实验. 水面与杯口相平时，让激光沿杯口与水面平行投射，则可以看到一个光点，而加入回形针后，从原位置发出的光将入射到凸起的液面，光路发生了改变，如此用光斑明显的变化展现液面的收缩凸起，通过直观明显的实验现象帮助学生发现液面的特点. 此外，在理论分析部分，增加自制模具，用向瓶口扎有弹性膜的锥形瓶中充气来模拟液面的特性，促进学生理解，学生认知更易于构建.

二、教法创新

在教学中，充分利用直观的实验现象和环环相扣的层层设问，分析、讨论实验结果的产生机理，用学生已有的知识，阐释表面张力的产生原因，使教学内容由浅及深地进行，顺应学生的理解能力和知识发展水平，体现出透过现象探究规律本质的科学精神.

【教学流程图】

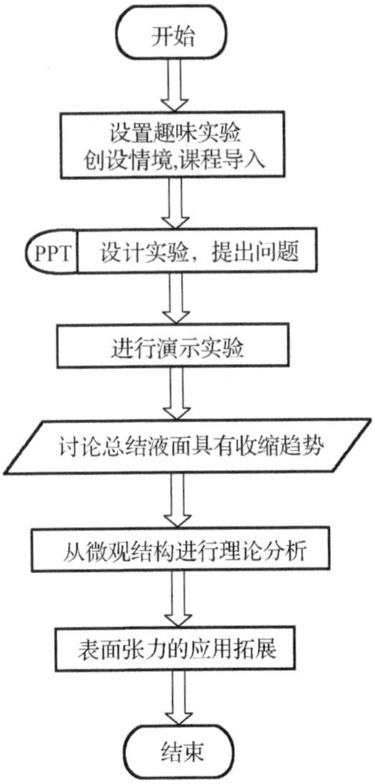

【教学过程】

教学环节	教师活动	学生活动	设计意图
一、创设情境，课程导入	以生活中常见的吹肥皂泡引入新课，引导学生思考为什么吹出的肥皂泡呈球形．接着向学生展示不同形状的金属圈． 提出问题：利用不同形状的金属圈吹出的肥皂泡是否仍为球形？ 引起学生的注意，激发学生的兴趣，启发学生通过学习本节课的知识就能回答上述问题了． 	学生通过动手实验发现利用各种形状的金属圈吹出的肥皂泡总是呈球形，尝试进行初步思考．	通过生活情境引入新课，为本节课的学习做铺垫．利用学生熟悉的趣味小实验，激发学生学习兴趣．
二、设计实验，发现问题	向纸杯中加满水，引发学生猜想．此时向杯中加入回形针，水是否会溢出？ 学生通过观察现象发现问题，水没有溢出的原因是什么？ 	猜想加入回形针后的可能结果，注意观察实验现象，并主动思考，分析实验现象出现的可能原因．	设计实验让学生先进行猜想，通过观察实验结果提出问题，激发学生的进一步思考．
三、猜想假设，科学探究	实验分析，杯中盛满水时，水面已经与杯口相平，此时加入回形针，水位上升，但却没有溢出，引导学生猜想加入回形针后液面发生了变化． 启发学生利用激光器设计实验观测液面的微小变化．水面与杯口相平时，让光沿杯口与水面平行投射，提示观察此时的光斑． 	对实验结果认真分析，并在教师的引导下大胆猜想． 仔细观察加入回形针前后光斑的明显变化，思考液面发生的变化，得到加入回形针，液面收缩凸起．	在学生的猜想上设计实验，帮助学生进一步理解，促进知识深化． 通过一系列连贯的实验，让学生通过观察发现液面的特点，为理论分析打好基础．同时实验现象的新颖性和直观性也可以引起学生的注意，提高学生学习的兴趣与热情．

续表

教学环节	教师活动	学生活动	设计意图
三、猜想假设，科学探究	加入回形针，提示学生注意观察此时的实验现象.  通过光斑的明显变化，引导学生分析得到加入回形针后，液面收缩隆起形成凸面. 引导学生观察桌面上的水滴，提示学生注意：水滴的边缘是向内收缩还是向外扩张？并结合之前实验，总结液面特点. 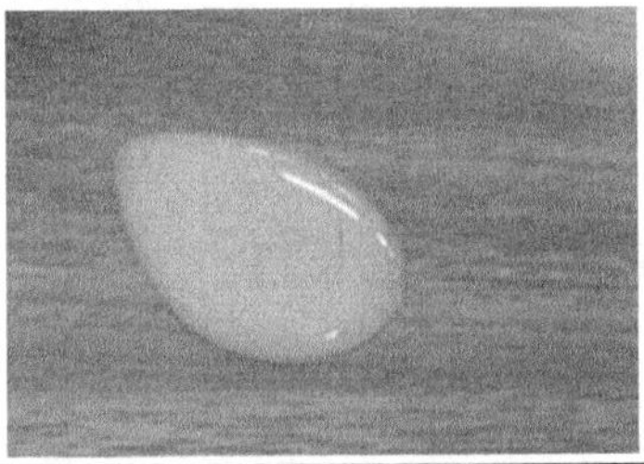	注意观察桌面上的水滴，并结合向纸杯中加入回形针的实验，发现液面具有收缩的趋势.	学生自主对实验现象进行总结，提高学生分析、解决问题的能力.
四、理论剖析，建立概念	液面向内部收缩，产生了形变，在收缩过程中，必然受到了力的作用. 那么这个力从哪里来呢？类比之前固体的学习，引导学生从微观结构出发进行分析. 运用分子力与距离关系，引导学生得到表面层分子间相互作用为引力. 在液体表面设想一条任意直线，把液面分成两部分，液面两侧对直线都是吸引力，从而明白分子力的作用效果使液体表面绷紧. 接着结合自制模具模拟绷紧的液面促进学生深入理解.	认识液体的微观结构，在教师指导下，利用分子间作用力曲线，阐述分子力关系. 指出表面层分子间的作用表现为相互吸引，从而理解液面被绷紧的原因，结合模具进一步理解液体的表面张力.	学生在实验的基础上对液面的特点直观认识后，启发学生逐步深入地认识液面具有收缩趋势的本质原因. 让学生逐步体会透过表面现象看到液体表面张力产生原因的物理本质. 利用自制的类比模具，让学生在总结共同点的基础上，进一步理解，深化认识，有利于学生的知识内化.

续表

教学环节	教师活动	学生活动	设计意图
四、理论剖析，建立概念	 得到液体微观分子力就体现为宏观的表面张力.		
五、知识应用，拓展思维	引导学生应用所学知识解释之前提出的肥皂泡问题. 请同学们在课后对表面张力的有关现象继续思考.	运用所学知识解释现象，并在课后继续交流讨论生活中表面张力现象的实例.	与新课导入首尾呼应，学以致用，巩固新知. 从生活走向物理，从物理走向社会. 拓展课外第二课堂，培养自学能力.

【板书设计】

§9.2　液体的表面张力

一、实验探究：液面具有收缩的趋势

二、理论分析：分子力→表面张力

三、拓展应用：解释现象

【教学反思】

在教学过程中，借助实验教具，展示直观的实验现象，并通过层层设问，分析和讲解实验结果的产生机理.

让学生不断思考并且主动建立新旧知识之间的联系，培养学生独立思考和自主学习的能力.

课堂的最后让学生解释吹肥皂泡的原理，锻炼了学生迁移应用所学知识的能力. 学生自主实验的设计充分调动了学生参与课堂的积极性.

对于学生自主实验这个环节的时间把握能力还有待提高.

【“液体的表面张力”教学设计评析】

该节教学内容选自人民教育出版社普通高中课程标准实验教科书《物理》选修

3-3 第九章第二节.《普通高中物理课程标准(2017 年版)》对该部分的要求是：观察液体的表面张力现象；了解表面张力产生的原因；知道毛细现象.

该教学设计以生活中常见的吹肥皂泡入手，进一步引导学生思考为什么吹出的肥皂泡呈球形，以及利用不同形状的金属圈吹出的肥皂泡是否仍为球形等问题，并通过猜想、归纳、概括等科学思维活动及丰富且富有新意的实验探究过程，引导学生逐步建立起“表面张力”这一物理概念. 最后引导学生进一步寻找生活中的表面张力现象.

该教学设计很好地体现了中学物理教学“从生活中来，到生活中去”的教学原则，注重对学生科学思维的发展及科学探究能力的提升，同时，有助于发展学生对科学本质的认识，是一份优秀的教学设计.

【本篇思考问题】

(1)仔细观察生活中的物理现象与场景，尝试设计出与之对应的中学物理教学设计的导入部分.

(2)和同学们一起讨论自己设计的生活中的中学物理教学设计的合理性与科学性，并进行个人说课展示.

(3)开展生活中的中学物理教学实践竞赛与案例评析活动，评价教学设计与实施的经验、收获与不足，重新修订教学设计.

参考文献

苍雅莉. 2017. 基于“生活中的物理”下构建初中高效物理课堂[J]. 课程教育研究，(31): 189

何蓁. 2006. 新课程理念下的中学物理教学设计[M]. 长春：吉林大学出版社

侯涛. 2015. 物理知识在生活中的应用[J]. 中学物理教学参考，(14): 31, 32

胡卫平，孙枝莲，刘建伟. 2007. 物理课程与教学论研究[M]. 北京：高等教育出版社

姜天宇. 2018. 谈物理在生活中的应用[J]. 科技资讯，16(20): 216, 217

蒋峰. 2009. 生活中的物理知识[J]. 物理教学探讨: 初三年级学研期，(1): 48

李昊阳. 2018. 生活中的物理现象及学习应用分析[J]. 科学大众(科学教育)，(3): 11

李志毅. 2017. 物理知识在生活中的应用思考[J]. 课程教育研究，(43): 167

廖宇娜. 2019. 关于高中物理知识在生活中的应用研究[J]. 中国新通信，21(5): 188

刘天泽. 2019. 生活中的物理常识分析[J]. 中国新通信，21(3): 140

孟婷蕊. 2018. 高中物理知识在生活中的应用[J]. 数字通信世界, (11): 264

孟雯. 2018. 浅谈高中物理知识点在生活中的应用[J]. 科技风，(35): 42

庞浩然. 2018. 物理知识在生活中的应用[J]. 科学大众(科学教育)，(4): 20

宋昆仑. 2019. 学以致用——物理现象在生活中的应用[J]. 科技风，(5): 259

宋树杰. 2006. 高中物理新课程理念与教学实践[M]. 北京：商务印书馆

王福星. 2012. 物理知识在生活中的应用[J]. 中学物理教学参考，(3): 51-53

王较过. 2011. 中学物理教材研究与教学设计[M]. 西安：陕西师范大学出版社

魏夏佩. 2018. 论高中物理知识点在生活中的具体运用[J]. 成才之路，(3): 38

熊力. 2017. 自然科学类通识课程教学模式探索——以“体验发现——生活中的物理”为例[J]. 物理通报，(12): 13-17

徐英俊. 2001. 教学设计[M]. 北京：教育科学出版社

阎金铎，郭玉英. 2008. 中学物理新课程教学概论[M]. 北京：北京师范大学出版社

余雪妹. 2014. 《生活中的物理》选修课程的实践与思考[J]. 物理教学探讨，(6): 8-10

喻晶莹. 2017. 帮助学生学会从生活中学习物理[C]. 新世界中国教育发展论坛(第三卷)

曾维. 2019. 利用生活中的物理现象激发学生学习兴趣的研究[C]. 2019 全国教育教学创新与发展

高端论坛论文集(卷二)
张旭东. 2014. 应用生活中的物理现象来进行高中物理教学的重要意义[J]. 才智，(34): 127
赵玲玲. 2013. 谈生活中的物理教学[J]. 学周刊，(20): 61
郑堃坊. 2018. 浅谈生活中常见的光现象及物理原理[J]. 科技资讯，16(36): 249, 250
钟启泉，崔允漷，张华. 2001.《基础教育课程改革纲要(试行)》解读[M]. 上海：华东师范大学出版社

后　记

从生活中物理现象的提出、解释及社会应用，到中学物理教学设计的案例素材与反思，本书选材全部由陕西师范大学物理专业师范生提供. 他们通过仔细观察生活中的自然现象，发现并提出了许多现象背后所蕴含的物理问题，然后针对这些问题或从网络，或从其他途径搜集信息资料，基于这些资料，对所提问题进行分析阐释，并给出若干基于生活中物理的教学设计典型案例，再由中学物理名师进行教学案例评析，最后将全部成果结集成书，以此作为师范生大学四年学习的纪念. 在资料查找、收集与处理的整个过程中，同学们表现出的积极、踏实、协作的态度与作风，连同这些项目学习实践成果，为其未来从事中学物理教学、成为中学物理卓越教师奠定了坚实的基础.

在此，要祝贺和感谢 2015 级物理卓越教师实验班的同学们！他们是入选陕西师范大学首届教育部卓越教师培养计划项目的学生，在本书将面世之际，他们也要毕业了，即将奔赴祖国各地的教育战线，为中国而教，为理想而奋斗！这些同学的名字如下：李杜雨、翁子羽、周嘉露、韩泽宇、李雁鹏、冯瑞诗、费杨乐子、邓青松、董星辉、李静、马望、韩超越、纪辰蓓、张彤、沈峥峥、李娜、韩昭亨、赵变变、高尚清、吴海灵、王玉、折凯旋、丁港、伍双、胡雪莹、孙永洁、薛惠中、丁佳辉、兰涛、陈凯.

感谢陕西师范大学物理学与信息技术学院教学法教研室的王较过教授以及张红洋、吴晶、岳辉吉、于一真等老师对本书顺利完成提供的帮助与指导. 衷心感谢王较过教授对本书的审核及所提供的宝贵建议；衷心感谢陕西师范大学附中物理特级教师李晓龙对本书的审核与建议，特别是他对学生提供的教学设计案例逐一进行了精彩评析. 感谢西安市育才中学物理教研组长肖杏丽老师对本书进行的全面校对与建议.

感谢科学出版社的大力支持.

尽管书中内容有诸位老师指导与把关，但出自师范生之手的材料中免不了会有不足之处，或者存在引用标识不全或不规范的地方. 在此，恳请广大读者朋友不吝赐教，批评指正，在此也对这些贡献者们表示衷心的感谢.

编　者

2019 年 5 月于西安